El desarrollo de nuestra civilización desde sus albores y el gobierno de un planeta vecino: Historia, exposición y reflexiones para nuestra época

(*Según Los escritos de urantia*)
Introducción, traducción y notas de
Ángel Francisco Sánchez Escobar
2017

# EL DESARROLLO DE NUESTRA CIVILIZACIÓN DESDE SUS ALBORES Y EL GOBIERNO DE UN PLANETA VECINO: HISTORIA, EXPOSICIÓN Y REFLEXIONES PARA NUESTRA 3

# TABLA DE CONTENIDOS


INTRODUCCIÓN

FACTORES DE PRESIÓN SOCIAL, LAS COSTUMBRES COMO IMPULSORAS DE LAS INSTITUCIONES

LAS ARTES DEL SUSTENTO Y LA EVOLUCIÓN DE LA CULTURA

INSTITUCIONES PRIMITIVAS, LABORIOSIDAD Y ESPECIALIZACIÓN EN EL TRABAJO. EL CAPITAL

EL FUEGO, LOS ANIMALES, LA ESCLAVITUD Y LA PROPIEDAD PRIVADA

GÉNESIS Y VALOR SOCIAL DE LA GUERRA

PRIMERAS ASOCIACIONES HUMANAS, CLANES Y TRIBUS, COMIENZOS DEL GOBIERNO, CLUBES Y SOCIEDADES SECRETAS

CLASES SOCIALES, DERECHOS HUMANOS

EVOLUCIÓN DE LA JUSTICIA, LEYES Y TRIBUNALES, DISTRIBUCIÓN DE LA AUTORIDAD CIVIL

EL ESTADO: ETAPA EMBRIONARIA, EVOLUCIÓN DEL GOBIERNO REPRESENTATIVO, SUS IDEALES

LA CIVILIZACIÓN EN PROGRESO: CAMINO DE LA FRATERNIDAD

EVOLUCIÓN DE LA COMPETITIVIDAD, EL ÁNIMO DE LUCRO, LA EDUCACIÓN, NATURALEZA DEL ESTADO

GOBIERNO DE UN PLANETA VECINO

ESCRITO 68: LOS ALBORES DE LA CIVILIZACIÓN

1. SOCIALIZACIÓN PROTECTORA

2. FACTORES DEL PROGRESO SOCIAL

3. INFLUENCIA SOCIALIZADORA DEL MIEDO A LOS ESPÍRITUS

4. EVOLUCIÓN DE LAS COSTUMBRES

5. TÉCNICAS DEL MANEJO DEL SUELO: LAS ARTES DEL SUSTENTO

6. EVOLUCIÓN DE LA CULTURA

ESCRITO 69: INSTITUCIONES HUMANAS PRIMITIVAS

1. INSTITUCIONES HUMANAS BÁSICAS

2. COMIENZOS DE LA LABORIOSIDAD

3. ESPECIALIZACIÓN DEL TRABAJO

4. INICIOS DEL COMERCIO

5. COMIENZOS DEL CAPITAL

6. EL FUEGO EN RELACIÓN A LA CIVILIZACIÓN

7. UTILIZACIÓN DE LOS ANIMALES

8. LA ESCLAVITUD COMO FACTOR INFLUYENTE EN LA CIVILIZACIÓN

9. LA PROPIEDAD PRIVADA

**ESCRITO 70: EVOLUCIÓN DEL GOBIERNO HUMANO**

1. GÉNESIS DE LA GUERRA

2. VALOR SOCIAL DE LA GUERRA

3. PRIMERAS ASOCIACIONES HUMANAS

4. CLANES Y TRIBUS

5. LOS COMIENZOS DEL GOBIERNO

6. EL GOBIERNO MONÁRQUICO

7. CLUBES PRIMITIVOS Y SOCIEDADES SECRETAS

8. LAS CLASES SOCIALES

9. LOS DERECHOS HUMANOS

10. EVOLUCIÓN DE LA JUSTICIA

11. LEYES Y TRIBUNALES

12. DISTRIBUCIÓN DE LA AUTORIDAD CIVIL

**ESCRITO 71: EL DESARROLLO DEL ESTADO**

1. ETAPA EMBRIONARIA DEL ESTADO

2. EVOLUCIÓN DEL GOBIERNO REPRESENTATIVO

3. LOS IDEALES DEL ESTADO

4. LA CIVILIZACIÓN EN PROGRESO

5. EVOLUCIÓN DE LA COMPETITIVIDAD

6. EL ÁNIMO DE LUCRO

7. LA EDUCACIÓN

8. NATURALEZA DEL ESTADO

**ESCRITO 72: EL GOBIERNO DE UN PLANETA VECINO**

1. LA NACIÓN CONTINENTAL

2. ORGANIZACIÓN POLÍTICA

3. LA VIDA FAMILIAR

4. EL SISTEMA EDUCATIVO

5. ORGANIZACIÓN INDUSTRIAL

6. EL SEGURO DE VEJEZ

7. EL SISTEMA TRIBUTARIO

8. ESCUELAS ESPECIALES

9. EL SISTEMA DE SUFRAGIO UNIVERSAL

10. TRATAMIENTO DE LA DELINCUENCIA

# EL DESARROLLO DE NUESTRA CIVILIZACIÓN DESDE SUS ALBORES Y EL GOBIERNO DE UN PLANETA VECINO: HISTORIA, EXPOSICIÓN Y REFLEXIONES PARA NUESTRA 5

11. PREPARACIÓN MILITAR
12. LAS OTRAS NACIONES

# INTRODUCCIÓN

Es mi propósito en este libro analizar los escritos 68 a 72, pertenecientes a la Parte III de *The Urantia Book*[1], con el fin de facilitar su comprensión. La traducción de dichos escritos, realizada por mí del inglés, aparece tras estas palabras introductorias. Estos son sus títulos:

ESCRITO 68: LOS ALBORES DE LA CIVILIZACIÓN
ESCRITO 69: INSTITUCIONES HUMANAS PRIMITIVAS
ESCRITO 70: EVOLUCIÓN DEL GOBIERNO HUMANO
ESCRITO 71: EL DESARROLLO DEL ESTADO
ESCRITO 72: EL GOBIERNO DE UN PLANETA VECINO

Como leemos al final de cada uno de ellos, sus autores pertenecen al orden de los hijos melquisedecs. Sobre ellos se nos dice en un escrito anterior:

35:2.1 Los melquisedecs constituyen el primer orden de hijos divinos que se acercan lo suficientemente a la vida de las criaturas de menor rango como para poder realizar de forma directa su ministerio de elevar a los mortales, de servir a las razas evolutivas sin necesidad de encarnarse. Estos hijos se hallan por naturaleza en el punto medio de la gloriosa escala descendente de seres personales, encontrándose por su origen aproximadamente a medio camino entre la Divinidad más elevada y las criaturas de voluntad más modestas. Son, por tanto, intermediarios naturales entre los niveles más elevados y divinos de existencia viva y las formas de vida de orden inferior de los mundos evolutivos, materiales en realidad [...].

Por su conocimiento de nuestro planeta y por algunas indicaciones parecen haber formado parte, junto con otros seres celestiales, de la

organización y la administración planetarias de los primeros días
(57:8.7).

Como sus mismos títulos denotan, hay que reconocer que es un
tema árido, aunque no por ello menos interesante e iluminador, porque
a través de su lectura nos acercamos a los albores de nuestra civilización
y recorremos las instituciones humanas primitivas, la evolución del
gobierno humano, el desarrollo del Estado, concluyendo con la
exposición del gobierno de la nación más avanzada de un planeta
vecino, algo realmente inédito. A este respecto, se da más información
sobre sus instituciones que sobre sus habitantes en sí; no sabemos su
aspecto físico, por ejemplo. Pero, además, cuando se estudian estos
cinco escritos en detalle, nos damos cuenta de que no solamente
encontramos una narración y la exposición de unos esclarecedores
datos, sino que los autores reflexionan sobre la época en la que se
completó el libro (1934) y, por deducción, sobre la nuestra, y nos
mandan mensajes de advertencia y consejos para que nuestro progreso
evolutivo siga adecuadamente su curso en todos sus niveles con vista a
nuestro desarrollo espiritual.

Para una más completa comprensión de todo el largo proceso
expuesto por los reveladores desde los albores de nuestra civilización,
sería conveniente leer un anterior libro mío, igualmente basado en el
libro de Urantia, titulado: *Desde la formación del universo hasta la
aparición de las razas humanas: creacionismo evolutivo revelado*[2], en
el que analizo los escritos 57 a 65. En las palabras iniciales del escrito
68, encontramos también alusiones a la evolución previa del hombre a
partir de las razas mejor genéticamente dotadas de la humanidad:

68:0.1 Comienza aquí la narración de la larguísima y
continuada lucha de la especie humana partiendo de una
existencia algo superior a la animal, a través de las eras
intermedias, y hasta épocas posteriores, cuando una

verdadera civilización, aunque imperfecta, evolucionó de las razas mejor dotadas de la humanidad[3].

Los que vivimos en este segundo decenio del XXI, más de ochenta años desde que se dieron por terminado estos escritos, nos damos cuenta cuán imperfecta sigue siendo nuestra civilización.

El melquisedec autor de este escrito comenta algo que parece evidente, pero ciertamente no lo es: "La civilización es una adquisición de la raza humana; no es biológicamente consustancial a ella" (68:0.2); y tenemos que proteger con inteligencia esta herencia social que hemos recibido. Hoy en día somos conscientes de los peligros que acechan continuamente a nuestra civilización. Luego, se dice algo importante:

> 68:0.3 Los maestros de Dalamatia introdujeron el desarrollo social de tipo cooperativo y, durante trescientos mil años, se formó a la humanidad en la idea de actividades grupales. El hombre azul, sobre todo, se benefició de estas primeras enseñanzas sociales, en cierta medida lo hizo el hombre rojo y, menos que los demás, el hombre negro. En los últimos tiempos, son la raza amarilla y la blanca las que han demostrado tener el desarrollo social más avanzado de Urantia.

El desarrollo social de tipo cooperativo no parte del hombre mismo, sino de las enseñanzas del príncipe planetario y su comitiva con sede en Dalamatia (en Mesopotamia)[4], y no todas las razas se beneficiaron de igual manera.

De todos modos, no le fue fácil al hombre primitivo aprender a cooperar socialmente por la natural falta de sentimientos fraternales que tenía; solo a través de experiencias dolorosas aprendió que "la unión hace la fuerza", y se añade algo importante para nuestros días: "Y es esta falta de atracción fraternal natural la que, en la actualidad, obstaculiza la realización inmediata de la hermandad del hombre en Urantia" (68:1.1). La asociación fue, pues, muy importante para el hombre, que era incapaz de sobrevivir en soledad:

> 68:1.2 La asociación se convirtió pronto en el precio a pagar por la supervivencia. El hombre solitario estaba indefenso a no ser que llevara la marca tribal que evidenciara que pertenecía a un grupo que ciertamente se vengaría de cualquier agresión que sufriese. Incluso en la época de Caín, resultaba letal salir de su territorio solo sin llevar alguna señal de pertenencia a un grupo. [...]

En este mismo párrafo se reflexiona sobre la importancia de la asociación en nuestra época como la base de nuestra civilización: "La civilización se ha convertido en el seguro del hombre contra la muerte violenta, mientras se paga su coste sometiéndose a las numerosas exigencias de las leyes de la sociedad" (68:1.2). Y más que la misma inteligencia, es la autoconservación la que da origen a la sociedad, al progreso cultural; por el contrario, una excesiva autogratificación la destruye (68:2.2). En este sentido, el narrador nos da el siguiente consejo: "La sociedad se preocupa de la autoperpetuación, de la autoconservación y de la autogratificación, pero la autorrealización humana merece convertirse en el objetivo inmediato de muchos grupos culturales" (68:2.3). La realización de uno mismo como humano debe ser la más inmediata meta de la sociedad.

## FACTORES DE PRESIÓN SOCIAL, LAS COSTUMBRES COMO IMPULSORAS DE LAS INSTITUCIONES

El autor de este escrito alude igualmente a los factores que ejercieron una presión social en nuestro desarrollo como civilización: el hambre, la vanidad (orgullo, ambición y honor), el miedo a los espíritus y el impulso sexual, aunque este último fue "transitorio y errático", contribuyendo, no obstante, a la formación del hogar primitivo: el lugar donde vivía la mujer, la residencia fija en la que cultivaba la tierra (68:2.6). De hecho la mujer se convirtió en un factor crucial en la estructura social, más por las necesidades alimenticias que por la pasión sexual:

> 68:2.7 Así pues, la mujer se convirtió pronto en indispensable para la estructura social que se iba desarrollando, no tanto por la efímera pasión sexual sino como consecuencia de las *necesidades alimenticias;* ella era una parte fundamental en la manutención. Fue proveedora de alimentos, bestia de carga y compañera capaz de soportar graves abusos sin resentimientos violentos y, además de todos estos rasgos deseables, era un permanente medio de gratificación sexual.

Efectivamente, la familia —más adelante se nos habla del amor en este sentido— fue de gran valor para la civilización:

> 68:2.8 Casi todo lo que hay de valor perdurable en la civilización tiene sus raíces en la familia. La familia fue el primer exitoso grupo pacifista, pues, en ella, el hombre y la mujer aprendieron a reconciliar sus antagonismos y, al mismo tiempo, a enseñar a sus hijos a buscar la paz.

Por otro lado, aunque la vanidad ayudó a la evolución, de nuevo percibimos una advertencia respecto a esta en nuestros tiempos:

> 68:2.11 La vanidad contribuyó poderosamente al nacimiento de la sociedad; pero en el momento de estas revelaciones, los tortuosos afanes de una generación envanecida amenazan con empantanar toda la compleja estructura de una civilización altamente especializada. [...]

De estos cuatro factores, el miedo a los espíritus mantuvo unida a la sociedad primitiva, al mismo tiempo que transmitía a su existencia un aspecto extrahumano:

68:3.1 Los deseos primitivos dieron lugar a la sociedad primigenia, pero el miedo a los espíritus de los muertos la mantuvo unida y trasmitió a su existencia un aspecto extrahumano. El miedo común tenía un origen fisiológico: miedo al dolor físico, al hambre insatisfecha o a alguna calamidad terrenal; pero el miedo a los espíritus era un tipo de terror nuevo y reverencial.

De hecho, este miedo reverencial es el punto de partida, por intermediación de la Revelación, del logro de la espiritualidad:

68:3.3 [...] Los miedos infundados de la evolución están destinados a ser reemplazados por el sobrecogimiento reverente hacia la Deidad, que la Revelación inspira. El temprano culto del miedo a los espíritus se convirtió en un fuerte vínculo social y, desde aquel día remoto, la humanidad continúa esforzándose en mayor o menor medida para lograr la espiritualidad.

Sin la Revelación, sin estas causas sobrehumanas, los cuatro factores que respaldaron el desarrollo de la sociedad se convertirían en elementos que contribuirían a la guerra y al derramamiento de sangre:

68:3.4 [...] Sin la ayuda de causas sobrehumanas, las tensiones en la sociedad hacen que esta se quiebre, y estos mismos factores que causan la movilización social —el hambre, el amor, la vanidad y el miedo— se confabulan para sumir a la humanidad en la guerra y en el derramamiento de sangre.

Son las enseñanzas de Jesús, del Príncipe de la Paz, las que conforman el principal fundamento de nuestra predisposición a la paz, algo no natural en nosotros:

68:3.5 La predisposición a la paz de la raza humana no es un bien natural; es producto de las enseñanzas de la religión revelada, de la experiencia acumulada de las razas avanzadas, pero sobre todo de las enseñanzas de Jesús, el Príncipe de la Paz.

También las costumbres primitivas constituyeron un importante factor en la formación de las instituciones sociales modernas, de las convenciones colectivas, de hoy en día:

68:4.1 Todas las instituciones sociales modernas resultan de la evolución de las costumbres primitivas de vuestros ancestros salvajes; las convenciones de hoy son las costumbres, modificadas y ampliadas, del ayer. El hábito es para la persona lo que la costumbre es para el grupo; y las costumbres de los grupos se convierten con el tiempo en tradiciones populares o tribales —en convenciones colectivas—. A partir de estos tempranos y humildes inicios se han originado todas las instituciones actuales de la sociedad humana.

Y, curiosamente, fue el ancestral miedo a los espíritus el que incitó a la conservación inalterada de las costumbres de generación en generación. Se pensaba que:

68:4.3 [...] los difuntos eran celosos guardianes de los hábitos en los que habían vivido y muerto; por tal motivo, infligirían un terrible castigo a los mortales vivos que osaran tratar con despreocupación y desdén las normas de vida a las que habían honrado cuando estaban en la carne.

Este temor, contribuyó, de igual manera, al inicio, mediante su sentido de lo sobrenatural, de la religión primitiva; si bien, fue la misma "civilización en su avance la que ha venido liberando cada vez más a la humanidad de las ataduras del miedo y de la esclavitud de la superstición (68:4.3). La expresión adverbial "cada día más" nos confirma que aún persisten estos miedos y supersticiones en nuestros tiempos. Claro que antes el hombre primitivo era una víctima servil de los usos ritualistas que se derivaban de estas supersticiones:

> (767.4)68:4.4 Antes de las enseñanzas de los maestros de Dalamatia que le liberaban y le hacía más receptivos a nuevas ideas, el hombre ancestral era una víctima indefensa de los usos ritualistas; el salvaje primitivo estaba cercado por un sinfín de ceremoniales. Todo lo que hacía desde que se despertaba por la mañana hasta el momento de dormir por la noche en su cueva tenía que hacerlo de una determinada manera —según las tradiciones de la tribu—. Era esclavo de la tiranía de los usos establecidos; en su vida no había nada libre, espontáneo ni original. [...]

Y, como consecuencia, "no existía ningún progreso natural hacia una existencia mental, moral o social de orden superior", como se continua diciendo. De todas formas, siempre existieron personas que se atrevían a proponer nuevos usos y nuevos sistemas de vida (68:4.5). Aún así, nos dice el escritor, los cambios precipitados no son convenientes para la civilización: "La inercia del hombre primitivo representa el freno de seguridad biológico que evita una precipitación demasiado repentina en los desastrosos desajustes de una civilización que avance con extremada rapidez (68:4.5). La supervivencia de la sociedad "depende mayormente de la evolución gradual de sus costumbres, que surge del deseo de experimentación" (68:4.7). Y no siempre se han producido avances, pueden darse muchos retrocesos, como de hecho sucedió en nuestro planeta (68:4.7).

# LAS ARTES DEL SUSTENTO Y LA EVOLUCIÓN DE LA CULTURA

El melquisedec enumera y explica las cuatro grandes etapas que se dieron en el progreso de las primeras culturas humanas, nacidas a lo largo de los ríos del hemisferio oriental: (1) Recolección, (2) caza, (3) pastoreo y (4) agrícola. Esta última etapa, la más representativa del avance de la civilización, de índole material, se produjo gracias a las enseñanzas de horticultura y agricultura de parte de Caligastia (el príncipe planetario) y de Adán (68:5.3-9) y comenta algo interesante: "El cultivo de plantas tiene un efecto ennoblecedor en todas las razas del género humano" (68:5.9).

También, en cuanto al avance de la era industrial y del desarrollo social se nos advierte: "una era industrial no tiene esperanzas de sobrevivir si sus líderes no consiguen reconocer que incluso las más altas cotas de desarrollo social han de apoyarse siempre sobre una sólida base agrícola" (68:5.13). El hombre no puede escapar del suelo:

(769.6)68:6.1 El hombre es una criatura de la tierra, un hijo de la naturaleza; por muy encarecidamente que intente escapar del suelo, está, en definitiva, destinado al fracaso. La expresión "polvo eres y al polvo volverás" es verdaderamente aplicable, de forma literal, a toda la humanidad. La lucha fundamental del hombre fue, sigue siendo y siempre será una pugna por el suelo. Con el propósito de ganar este orden de lucha, se crearon las primeras sociedades de seres humanos primitivos. La proporción suelo-hombre subyace en toda civilización social.

Mediante la inteligencia del hombre y, a través de las artes y de las ciencias, se incrementó el rendimiento del suelo, a la par que se regulaba en cierta medida el aumento de los vástagos, facilitándose por consiguiente "el sustento y el esparcimiento para construir una civilización cultural"[5] (68:6.2). El tamaño de la familia influía en los niveles de vida y se llegó a restringir la prole de muchas maneras, algunas drásticas y crueles. Y se nos avisa nuevamente "Cuanto más elevado es el nivel de vida, más pequeña es la familia, hasta el punto de quedar fijada o extinguirse gradualmente" (68:6.6). Esta costumbre antigua de control de la población aún persiste en nuestros días. Pero el escritor aprovecha este hilo narrador para acercarse a la idea, comentada en otros contextos, del mejoramiento de la raza a partir de la "multiplicación del humano promedio o estable":

> 68:6.11 Desde una perspectiva mundial, la sobrepoblación nunca fue un problema serio en el pasado, pero, si las guerras disminuyen y la ciencia adquiere un creciente control sobre las enfermedades humanas, esta puede convertirse, en un futuro cercano, en un grave dilema. En tal momento, la sabiduría de los líderes del mundo se verá sometida a una gran prueba. ¿Tendrán los dirigentes de Urantia la lucidez y la valentía para fomentar la multiplicación del ser humano promedio o estable en lugar de facilitársela a grupos extremos que o bien sobrepasan la media de normalidad o que, protagonistas de un enorme crecimiento, están por debajo de ella? Se debe fomentar al hombre normal; él es la columna vertebral de la civilización y el origen de los genios mutantes de la raza. [...]

El melquisedec parece estar hablando de "genética poblacional" y se refiere a los denominados "genes estables" (en equilibrio) o promedio. En contraste con aquellos otros dos grupos por encima o por debajo de la normalidad; es de este grupo genéticamente estable de donde surge la genialidad, el genio (como por ejemplo Aristóteles, Galileo, Newton o Einstein), que puede hacer progresar el nivel cultural de la sociedad en su amplio espectro. Específicamente, sobre aquellos con un nivel intelectual por debajo de la normalidad, dice:

> 68:6.11 [...] Se ha de mantener al hombre de capacidad intelectual inferior a la normalidad bajo el control de la sociedad; no debe haber más de los que se necesiten para gestionar los niveles inferiores de la industria, esto es, esas tareas que precisan una inteligencia por encima del nivel animal, pero cuyo bajo grado de exigencia resultan una verdadera esclavitud y una servidumbre para los individuos mejores dotados de la humanidad.

En la actualidad, se prohíbe generalmente la multiplicación de las personas con deficiencias intelectuales, basada primordialmente en los derechos del niño[6], más que en la mejora de la raza humana; pero esto no era así a comienzos del siglo XX cuando se empezaron a redactar los escritos.

# INSTITUCIONES PRIMITIVAS, LABORIOSIDAD Y ESPECIALIZACIÓN EN EL TRABAJO. EL CAPITAL

En el siguiente escrito, el 69, primeramente se insiste en el valor de las costumbres, que los tabúes conservaron y la religión dignificó, para la formación y continuidad de las instituciones establecidas (69:0.3). Se enumeran tres tipos básicos de instituciones o estructuras sociales, tanto pasadas como actuales, todas originadas en el miedo, la ignorancia y la superstición y en determinadas propensiones del hombre como el hambre de comida (el instinto de autopreservación), el instinto sexual o la vanidad. Estas son: (1) Instituciones de autoconservación (la industria, la propiedad, la guerra para fines de lucro y los mecanismos reguladores de la sociedad); (2) instituciones de autoperpetuación (la protección social del hogar y la escuela, la vida familiar, la educación, la ética y la religión, las costumbres matrimoniales, las guerras de defensa y el establecimiento del hogar); y (3) instituciones de autogratificación (costumbres en el vestir y en el adorno personal, los usos sociales, las guerras por conseguir gloria, el baile, la diversión, los juegos y otras facetas de gratificación sensual) (69:1.2-5). Pero se nos previene del riesgo para la integridad y la valía de las personas si estas sufren un desmesurado desarrollo:

> 69:1.1 Todas las instituciones humanas sirven a alguna necesidad social, pasada o actual, con independencia de que su desmesurado desarrollo menoscabe de forma indefectible la integridad y valía de las personas al eclipsar su personalidad y reducir su iniciativa. El hombre debe regir sus instituciones en lugar de dejarse dominar por estas creaciones que han nacido con el avance de la civilización.

El mismo temor a las hambrunas, la autoconservación, hizo que el ser humano se hiciera laborioso; ante las penurias sufridas, empezó a aprender de algunos animales, que almacenaban comidas para los días de escasez, algo natural y opresivo a la vez. Los bienes, añade el melquisedec, "son el resultado del trabajo, del conocimiento y de la organización" (69:2.2). Por ello, el hombre primitivo se dio cuenta del valor de la asociación, lo que llevó a la división del trabajo y a la especialización:

> 69:2.3 El hombre primitivo no tardó demasiado en reconocer las ventajas de la asociación. Esta llevó a la organización, y la primera consecuencia de dicha organización fue la división

del trabajo, con su inminente ahorro de tiempo y de materiales. La especialización del trabajo surgió como adecuación a unas demandas —buscando el camino que ofreciera una menor resistencia—. Los salvajes primitivos nunca realizaban verdaderos trabajos ni gustosamente ni voluntariamente. En su caso, su disponibilidad se debía a la coerción que la necesidad ejercía sobre ellos.

Los primeros actos de previsión del ser humano fueron la conservación del fuego, del agua y de la comida, aunque muchos de los logros conseguidos, en lugar de atribuirlos a la paciencia, los atribuían a los encantamientos, a la magia, que tardaron "en dar paso a la previsión, a la abnegación y a la laboriosidad" (69:2.7).

Los tempranos tipos de especialización y diferenciación laboral fueron: (1) Especialización basada en el sexo; (2) modificación derivada de la edad y de las enfermedades, que contribuyó a la posterior división del trabajo (fabricación de herramientas y armas, obras de riego); (3) diferenciación basada en la religión (curanderos, herreros); (4) amos y esclavos; y (5) diferenciación basada en las distintas dotes físicas y mentales. De aquí se desarrollaron los primeros especialistas y las primeras castas sacerdotales (gracias al enaltecimiento de unos expertos fabricantes de espadas), aparte de la de los curanderos tribales (69:3.11). Por otro lado, fueron las mujeres las primeras que se dedicaron al trueque y de ahí se llegó al comercio.

(774.10)69:3.11 Las mujeres fueron las primeras en dedicarse al trueque; se las empleó como espías, llevando a cabo el intercámbio de bienes como algo secundario. El trueque se extendió enseguida; las mujeres actuaban de intermediarias —distribuidoras—. Entonces llegó la clase mercantil, que cobraba una comisión, unas ganancias, por sus servicios. El crecimiento del trueque en grupo se convirtió en el comercio; y tras el intercambio de productos básicos vino el intercambio de mano de obra cualificada.

De las primeras anotaciones comerciales nació la escritura moderna; también el llegar a acuerdos brindó a las distintas tribus la oportunidad de "intercambiar ideas y entremezclarse de modo amistoso y pacífico" (69:4.6). El comercio fue un gran civilizador al facilitar el mutuo enriquecimiento cultural:

> (775.8)69:4.8 Los antiguos comerciantes llevaron nuevas ideas y métodos mejores a todo el mundo habitado. El comercio, que estaba ligado a la aventura, condujo a la exploración y al descubrimiento. Y todo esto dio nacimiento al transporte. El comercio ha sido el gran civilizador al favorecer el mutuo enriquecimiento cultural.

Por otro lado, el ahorro representó para el hombre primitivo una forma de seguro para la manutención y la supervivencia. Aquel que tenía bienes quería protegerlos de los ladrones y la dejaba en manos de primeros banqueros que eran los hombres más valiosos de la tribu (69:5.1-2).

Hubo algunos motivos esenciales que instaron a la acumulación del capital: (1) El hambre —relacionada con la previsión—; (2) el amor a la familia — el deseo de atender sus carencias—; (3). La vanidad —el deseo de mostrar la acumulación de las propias pertenencias—; (4) la posición social —el afán de ganar prestigio social y político—; (5) el poder —el afán de ser los amos—; (6) el temor a los espíritus de los muertos —las tasas pagadas a los sacerdotes por protección—; (7) el impulso sexual —el deseo de comprar una o más esposas—; y (8) las numerosas formas numerosas de autogratificación (riquezas, poder, propiedades) (69:5.3-11).

# EL FUEGO, LOS ANIMALES, LA

# ESCLAVITUD Y LA PROPIEDAD PRIVADA

Las cuatro divisiones de la sociedad primitiva —laboral, de regulación, religiosa y militar— surgieron de las contribuciones realizadas por el fuego, los animales, los esclavos y la propiedad. En primer lugar, el hecho de encender el fuego separó al hombre del animal; también alentó al trato social al anochecer y protegía no solo del frío y las fieras, sino de los espíritus (69:6.2). Fue además un gran civilizador porque incitaba al altruismo; era un elemento educativo y fomentaba la familia:

> (777.6)69:6.3 El fuego fue un gran civilizador: proporcionó al hombre la primera forma de ser altruista sin pérdida alguna al permitirle ofrecer a los vecinos brasas sin ninguna merma para él. El fuego hogareño, que la madre o la hija mayor cuidaban, fue el primer elemento educativo, pues requería vigilancia y fiabilidad. El hogar primitivo no era una construcción; la familia se reunía alrededor de la fogata, u hoguera familiar. Cuando un hijo fundaba un nuevo hogar, se llevaba una tea de esta hoguera.

Llevó también a la cocción de los alimentos, "abrió las puertas de la metalistería y condujo al posterior descubrimiento de la energía del vapor y a la utilización actual de la electricidad" (69:6.8).

Con el tiempo, el hombre pasó del miedo a los animales a su domesticación que ocurrió de forma accidental y, de ahí, a usarlos para su servicio. Pero el paso de la caza a la domesticación unida a la confusión originada por Caligastia conllevó un trato brutal a la mujer:

> (778.8)69:7.5 Mientras fue cazador, el hombre era bastante afable con la mujer, pero tras la domesticación de los animales, a la que se sumó la confusión originada por

Caligastia, muchas tribus trataban a sus mujeres de forma ignominiosa; las trataban tan mal como a sus animales. El trato brutal que el hombre infligía a la mujer constituye uno de los capítulos más oscuros de la historia de la humanidad.

Por otro lado, aunque dolorosa y opresiva, la esclavitud realizó una importante función en el desarrollo de la civilización humana:

(779.5)69:8.6   La esclavitud significó un eslabón imprescindible en la cadena de la civilización humana. Fue el puente por el que la sociedad pasó del caos y la indolencia al orden y a la actividad civilizada; obligó a los pueblos atrasados y perezosos a trabajar y a proporcionar con ello la riqueza y el ocio necesarios para el avance social de aquellos mejor dotados.

Además, la esclavitud llevó a la búsqueda de mecanismos reguladores de la sociedad de la sociedad primitiva, a los orígenes del gobierno (69:8.7). Y aunque en la actualidad, no hay esclavos sociales, sí hay esclavización a las deudas por pura ambición y existe servidumbre de tipo laboral (69:8.10). El melquisedec añade un nuevo consejo para la sociedad:

69:8.11 Aunque el ideal de la sociedad es la libertad universal, nunca se ha de tolerar la ociosidad. Se debería obligar a toda persona capacitada físicamente a realizar al menos alguna cantidad de trabajo para poder sustentarse a sí misma.

Por último, en esos tiempos primitivos, la sociedad era prácticamente comunal, algo completamente natural, pero este tipo de comunismo, a pesar de evitar el pauperismo, las privaciones, la mendicidad y la prostitución (69:9.1), "primó la inactividad y la pereza, puso freno a la laboriosidad y destruyó las aspiraciones (69:9.2), acabando por desaparecer y dejar paso, tras un largo proceso, a la propiedad privada, que trajo consigo mayor libertad y estabilidad (69:9.16). El narrador, aunque comenta que no se tiene derecho absoluto a la propiedad, esta si ha traído beneficios a los pueblos modernos:

> (782.4)69:9.17 El derecho a la propiedad no es absoluto; es puramente social. Pero cualquier gobierno, ley, orden, derecho civil, libertad social, convención, paz y felicidad, disfrute de los pueblos modernos, se ha desarrollado en torno a la posesión privada de propiedades.

Y nos advierte una vez más que, a pesar de la injusticia del orden social, los cambios han de ser lentos y para mejor:

> (782.5)69:9.18 El actual orden social no es necesariamente justo — ni divino ni sagrado— pero la humanidad haría bien en avanzar despacio al realizar cambios. El sistema social del que disponéis es inmensamente mejor que cualquiera de los que vuestros ancestros conocieron. Cercioraos de que cuando transforméis el orden social lo hagáis para mejor. No os sintáis persuadidos a experimentar con métodos que vuestros antecesores desestimaron. ¡Marchad adelante y no para atrás! ¡Que la evolución prosiga su curso! ¡No retrocedáis ni un solo paso!

Y cuando el hombre consiguió solucionar de forma parcial su problema de sustento tuvo que enfrentarse a la tarea de regular las relaciones humanas; de igual manera, la actividad laboral exigía la formulación de leyes, orden y adaptación social; y la propiedad privada precisaba gobierno (70:0.1). De eso trata el siguiente escrito 70. El gobierno, nos dice su autor "es un desarrollo involuntario; evoluciona a base de ensayo y error. Tiene rasgos de continuidad; por ello se convierte en tradicional" (70:0.3). La miseria aumentaba la anarquía de ahí el surgimiento del gobierno, de un orden público, y la misma lucha por la existencia llevó a la raza humana a tomar un camino de progreso en su civilización (70:0.3).

# GÉNESIS Y VALOR SOCIAL DE LA GUERRA

"La guerra es el estado y el legado natural del hombre evolutivo" (70:1.1), nos dice el melquisedec que narra y ya, con estas palabras, podemos comprender sus referencias a nuestros individualismos, recelos, hostilidad, violencia que se convierten en guerra cuando se dan en colectividad. El escritor da algunas razones:

> 70:1.1 [...] Y donde y cuando quiera que el entramado de la civilización se tensione debido a las complicaciones del avance de la sociedad, siempre se produce un retorno inmediato y pernicioso a estos primitivos métodos de resolución violenta de la irritabilidad que se origina en las interrelaciones humanas.

La guerra es pues la resolución violenta a la irritabilidad que producen las relaciones humanas a medida que la civilización avanza. Entre las tempranas causas de la guerra estaban: (1) El hambre, (2) la escasez de mujeres, (3) la vanidad, (4) los esclavos, (5) la venganza, (6) el esparcimiento y (7) la religión. En este sentido, el melquisedec alaba el intento de separar la Iglesia del Estado como una de las grandes iniciativas de los tiempos en favor de la paz (70:1.8-13). La guerra evolucionó progresivamente desde la caza primitiva a métodos más estructurados de las naciones "civilizadas" de épocas posteriores, si bien, nos aconseja el melquisedec, "solo lentamente una actitud social de amistad sustituye a otra de enemistad" (70:1.22).

La guerra puede ser gran remedio en determinadas circunstancias, se nos dice, pero "muy costoso y de lo más peligroso; aunque cura a menudo algunos trastornos sociales, a veces mata al paciente, destruye la sociedad" (70:2.1). La guerra tuvo su utilidad social en las civilizaciones anteriores debido a que (1) imponía disciplina, forzaba a la cooperación, (2) primaba la fortaleza y el valor, (3) fomentaba y consolidaba el nacionalismo, (4) exterminaba a los pueblos débiles e inaptos y (5) anulaba la ilusión de la igualdad primitiva y estratificaba a la sociedad de forma selectiva (70:2.3-8). Las guerras antiguas han tenido ventajas y cierto valor evolutivo y selectivo, pero, nos advierte el melquisedec, "como la esclavitud, deberá abandonarse algún día a medida que la civilización vaya lentamente progresando" (70:2.9). Y este narrador continúa con una admirable idea "las guerras ancestrales apoyaban la idea de un Dios de las batallas, pero al hombre moderno se le ha dicho que Dios es amor" (70:2.9). Y nos avisa de nuevo:

> 70:2.19 No cometáis el error de glorificar la guerra; percibid más bien lo que ha hecho por la sociedad de modo que podáis, de manera más precisa, prever lo que sus alternativas deben aportar para continuar el progreso de la civilización. Y si tales alternativas no son las adecuadas, podéis estar entonces seguros de que las guerras seguirán durante mucho tiempo.

La guerra fue la escuela de la experiencia, pero si en las guerras antiguas los líderes eran hombres innatamente grandes, hoy en día, "para descubrir a sus líderes, la sociedad debe recurrir ahora a las conquistas de la paz: a la industria, a la ciencia y al logro social" (70:2.21).

# PRIMERAS ASOCIACIONES HUMANAS,

# CLANES Y TRIBUS, COMIENZOS DEL GOBIERNO, CLUBES Y SOCIEDADES SECRETAS

Las primeras asociaciones humanas surgieron, se nos informa, cuando la horda, o comunidad de salvajes nómadas, y la familia, que sustituyó a la horda, fueron reemplazadas, como unidades sociales, por los clanes y las tribus. Hasta que no empezaron a formarse grupos más extensos que los familiares no aparece el verdadero gobierno (70:3.2). Así explica el narrador la evolución desde la familia hasta la tribu:

(787.3)70:3.3 Las familias se unieron por lazos de sangre en clanes, agrupaciones de parientes; y estos evolucionaron posteriormente hasta convertirse en tribus, en comunidades territoriales. La guerra y la presión externa forzaron a los clanes de parientes a organizarse en tribus, pero el comercio y el trueque mantuvieron a estos primeros grupos primitivos unidos con cierto grado de paz interna.

El melquisedec se centra más que en las asociaciones como gérmenes del gobierno postrero en los elementos de unión de estos grupos (lazos de sangre, guerra, presión exterior) y, en especial, en aquellos que los mantuvieron unidos con un cierto grado de paz interna como el comercio y el trueque. Respecto a estos, el escritor preconiza algo que está sucediendo ya en nuestros tiempos:

70:3.4 Más que todos los sofismas sentimentales de una planificación visionaria de la paz, serán las organizaciones comerciales internacionales las que fomentarán la paz en Urantia. Las relaciones comerciales se han visto favorecidas por el desarrollo del lenguaje y por medios de comunicación más perfectos, al igual que por un mejor transporte.

Y se refiere al móvil de la obtención de beneficios, cuando se le une a este el afán de servir, como a un poderoso civilizador:

(787.5)70:3.5 La falta de un lenguaje común siempre ha obstaculizado el desarrollo de grupos pacíficos, pero el dinero se ha convertido en el lenguaje universal del comercio moderno. La sociedad moderna se mantiene unida mayormente gracias al mercado industrial. El móvil de obtener beneficios es un poderoso civilizador cuando se le une el afán de servir.

La familia fue el primer grupo pacífico, seguida por el clan, la tribu y posteriormente la nación, y si el escritor se alegra de que estos grupos se hayan extendido más allá de los lazos de sangre, también se lamenta de las inmensas cantidades de dinero que se gasta en preparativos de guerra:

(788.3)70:4.1 El primer grupo pacífico fue la familia, luego el clan, la tribu y, más tarde, la nación, que se acabaría por convertirse en el moderno Estado territorial. Resulta alentador que los actuales grupos pacíficos, desde hace mucho tiempo, se hayan expandido más allá de los lazos de sangre hasta abarcar a las naciones, a pesar de que en Urantia estas siguen gastando inmensas sumas de dinero en preparativos de guerra.

El gobierno civil y social, resultado de una evolución progresiva, surge de los primeros clanes y tribus primitivas (70:5.1). Y fue de manera escalonada como, a partir de ellos, se fueron formando las distintas ramas del gobierno:

(789.7)70:5.9 Y fue de manera escalonada que la rama ejecutiva del gobierno se fue constituyendo gradualmente.

Los consejos del clan y de la tribu continuaron aunque con carácter consultivo y como predecesores de las ramas legislativa y judicial, que más tarde harían su aparición.

El régimen estatal solo apareció de forma efectiva cuando el jefe adquirió plenos poderes (70:6.1), siendo el gobierno monárquico el primero que llegaría a surgir. Así se nos relata este proceso:

(789.9)70:6.2 La soberanía nació a partir de la idea de la autoridad o de la riqueza de la familia. Cuando un reyezuelo patriarcal se convertía en un verdadero rey, se le llamaba a veces "padre de su pueblo". Más tarde, se pensó que los reyes procedían de los héroes. E incluso, más adelante, la soberanía llegó a ser hereditaria, debido a la creencia del origen divino de los reyes.

Dentro del desarrollo social se daría un nuevo avance: la evolución de las entidades religiosas y los clubes políticos, que aparecieron, en primer lugar, con carácter de sociedad secreta; los clubes se dividieron a su vez en dos clases: sociopolíticos y religioso-místico (70:7.1). También, muchas asociaciones secretas en convirtieron en las primeras organizaciones caritativas, llegando a constituir sociedades religiosas, las predecesoras de las iglesias. También, algunas se hicieron intertribales, llegando a ser las primeras cofradías internacionales (70:7.19).

## CLASES SOCIALES, DERECHOS HUMANOS

Por otro lado, la desigualdad mental y física de los seres humanos dio origen a la aparición de las clases sociales. El narrador en este punto marca una diferencia entre los mundos más primitivos, que no tienen estratos sociales, y los mundos asentados en luz y vida, en los que estas distinciones se han borrado en gran medida. Nuestro mundo pertenece a las etapas evolutivas intermedias y por ello existen las clases sociales (70:8.1), que surgieron a medida que la sociedad salía de su estado de salvajismo. Se nos dan razones de tipo natural, personal, circunstancial, económica, geográfica, social, vocacional, religiosa, racial y edad (70:8.2-12). Sí se nos previene del sistema de castas que "restringe severamente el desarrollo individual y prácticamente impide la cooperación social (70:8.13).

Además, el melquisedec, nos ofrece ciertas medidas para poder ir erradicando estas clases sociales, dependiendo de nuestra "actuación inteligente sobre las fuentes biológicas, intelectuales y espirituales de una civilización en progreso" (70:8.14), mediante: (1) La renovación biológica de los linajes raciales, (2) la formación educativa y (3) el avivamiento religioso de los sentimientos de parentesco y hermandad humanos (70:8.15-17). Y nos vuelve avisar de que nuestra actuación debe ser inteligente, prudente y paciente,

> (793.10)70:8.18 Si bien, estas medidas solo pueden dar sus verdaderos frutos en los remotos milenios del futuro, aunque resultará una gran e inmediata mejora social si se actúa de forma inteligente, prudente y *paciente* sobre estos elementos aceleradores del progreso cultural. La religión es la palanca poderosa que alza a la civilización por encima del caos, pero que no tiene ningún efecto sin el punto de apoyo de una mente sana y normal que repose firmemente sobre una herencia sana y normal.

y, como se concluye, que se tenga la base biológica de una mente sana y normal, a pesar del apoyo de la religión.

El melquisedec es claro cuando nos dice que "la naturaleza no confiere al hombre ningún derecho, sino solamente la vida y un mundo en el que vivirla. La naturaleza no confiere ni siquiera el derecho a vivir [...]" (70:9.1). Es la sociedad la que "otorga al hombre un don fundamental: la seguridad" (70:9.1). En realidad, insiste, los derechos humanos no son "naturales", sino "enteramente sociales". Son relativos y en constante cambio; no son sino parte de las reglas del juego: adaptaciones aceptadas de las relaciones que rigen los siempre cambiantes fenómenos de la competitividad humana (70:9.13).

Además, nos indica que el ideal de la igualdad es el fruto de la civilización; no se halla en la naturaleza. Hay una desigualdad innata en los hombres en relación a sus capacidades, y nos advierte de nuevo de algo que nos puede sorprender:

70:9.17 [...] La consecución repentina y no evolutiva de la supuesta igualdad natural volvería a precipitar rápidamente al hombre civilizado a los usos rudimentarios de las eras primitivas. La sociedad no puede ofrecer los mismos derechos a todos, pero sí puede comprometerse a administrar los distintos derechos de cada cual con justicia y equidad. [...]

Esta negación de los mismos derechos para todos los seres humanos parece estar relacionado con el énfasis de los reveladores en el mejoramiento de la raza humana y la privación del derecho de reproducción a los linajes menos dotados o en declive degenerativo.

# EVOLUCIÓN DE LA JUSTICIA, LEYES Y TRIBUNALES, DISTRIBUCIÓN DE LA AUTORIDAD CIVIL

De hecho, y conectando con lo anterior, el narrador comenta que la justicia natural no es una realidad sino una teoría formulada por el hombre, y prosigue: "En la naturaleza, la justicia es puramente teórica, una completa ficción. La naturaleza no ofrece más que un tipo de justicia: inevitable atribución de los resultados a las causas" (70:10.1).

La justicia es una cuestión de evolución progresiva y para el hombre conlleva la consecución de los derechos que le son propios, pero no aparece en su plenitud en los mundos del espacio (70:10.2). Tras una larga exposición de la evolución de la justicia, el melquisedec nos ofrece el siguiente resumen:

> 70:10.13 Así pues, la familia impartió primeramente la justicia, luego fue el clan y, más tarde, la tribu. La administración de la verdadera justicia se remonta al momento en el que se desposeyó la venganza de las manos de grupos privados y consanguíneos y se depositó en las del grupo social, en las del Estado.

Además, el autor expresa la dificultad de distinguir claramente entre costumbres y leyes; las costumbres, cuando llevan mucho tiempo instituidas, tienden a cristalizarse, a convertirse en leyes precisas, normas concretas y convenciones sociales. Y si en un principio la ley siempre es negativa, en las civilizaciones en avance se hace cada vez más positiva y directiva (70:11.1-2).

Los primeros tribunales y jueces no eran como los percibimos hoy en día:

> 70:11.13 Los primeros tribunales venían a ser enfrentamientos con los puños de manera regulada; los jueces eran simplemente evaluadores o árbitros. Se ocupaban de que la lucha se llevara a cabo de acuerdo con unas normas aprobadas. Al iniciar la pelea ante los jueces, cada parte tenía que dejar una fianza al juez para pagar los gastos y la multa tras haber vencido uno al otro. "La fuerza aún llevaba la razón". Más tarde, los pleitos verbales sustituyeron a los golpes físicos.

La justicia primitiva más que ser justa trataba de solucionar la disputa y evitar el desorden público y la violencia. Además, el hombre primitivo no se indignaba tanto ante lo que pudiera ser una injusticia; se daba por sentado que los que tenían el poder lo ostentarían de forma interesada. El narrador, hace ahora una generalización, aplicable a nuestros días, cuando alude al hecho de que "se puede determinar con bastante precisión la condición de cualquier civilización mediante el rigor y la equidad de sus tribunales y mediante la integridad de sus jueces" (70:11.14).

La concentración del poder ha sido la causa de grandes conflictos en cuanto a la evolución del gobierno; por experiencia, los mismos administradores del universo, han llegado a la conclusión de que los pueblos evolutivos se rigen mejor si siguen el sistema representativo de gobierno civil y hay un adecuado equilibrio de poderes entre las ramas ejecutiva, legislativa y judicial (70:12.1). Este es el consejo que se nos da para la elección de nuestro sistema de gobierno y de los representantes de las tres ramas:

> (798.4)70:12.5 Los mortales de Urantia tienen derecho a la libertad; deben crear sus sistemas de gobierno; deben adoptar sus constituciones u otros estatutos relativos a la autoridad civil y a los procedimientos administrativos. Y habiendo hecho esto, deben seleccionar entre ellos a los más competentes y dignos como jefes del ejecutivo. Como representantes de la rama legislativa deben elegir solo aquellos que estén intelectual y moralmente capacitados para desempeñar estas sagradas responsabilidades. Para jueces de sus tribunales superiores y supremos solamente se deben optar por aquellos dotados de habilidad natural y cuya sabiduría esté basada en una profunda experiencia.

Se nos dan igualmente ciertas claves en cuanto a la perfección de nuestro gobierno:

> 70:12.20 La lucha de la humanidad para perfeccionar el gobierno en Urantia guarda relación con la optimización de los cauces administrativos, con la adaptación de estos a las necesidades presentes siempre cambiantes, con el mejoramiento de la distribución del poder dentro del gobierno y, finalmente, con la selección de unos líderes en el ámbito de la administración que sean verdaderamente sabios.

Existe una forma divina e ideal de gobierno, pero hemos de ser nosotros quienes lentamente la vayamos descubriendo; no es la intención del melquisedec revelarla: "Aunque exista una forma divina e ideal de gobierno, esta no puede ser revelada sino que han de descubrirla lenta y laboriosamente los hombres y mujeres de cada planeta de todos los universos del tiempo y el espacio" (70:12.20).

# EL ESTADO: ETAPA EMBRIONARIA, EVOLUCIÓN DEL GOBIERNO REPRESENTATIVO, SUS IDEALES

Los dos párrafos introductorios del siguiente escrito, el 71, nos dan una clarificadora idea de lo que es el Estado: "es un valioso avance de la civilización; representa el beneficio de la sociedad tras los estragos y sufrimientos de la guerra" (71:0.1). No es sino "un método acumulativo de regular la antagónica disputa de fuerzas entre las tribus y las naciones en pugna" (71:0.1). Y se añade:

> 71:0.2 El Estado moderno es la institución que sobrevivió a la larga lucha por el poder del grupo. Con el tiempo, el poder superior prevaleció y trajo consigo un ente fáctico

—el Estado— junto con el mito moral de la absoluta obligación del ciudadano de vivir y morir por él. Pero el Estado no es de procedencia divina; ni siquiera es fruto de la acción volitiva de la inteligencia humana; es una institución puramente evolutiva y de origen completamente natural.

El narrador insiste en el origen evolutivo y completamente natural de esta institución. El Estado embrionario se hizo posible debido "al declive de los vínculos de sangre en favor de los territoriales [...] la principal característica del verdadero Estado es una soberanía que trasciende a todas las irrelevantes luchas y discrepancias entre los grupos" (71:1.23). Por otro lado, se nos avisa de que la falta de integración del Estado "da lugar al retroceso a las condiciones de los métodos de gobierno previos al Estado mismo, tal como el feudalismo de la Europa de la Edad Media" (71:1.24). Además, el revelador nos presenta diez pasos a seguir para el desarrollo del gobierno representativo: (1) La libertad de la persona, (2) la libertad de la mente, (3) el imperio de la ley, (4) la libertad de expresión, (5) la seguridad de la propiedad, (6) el derecho de petición, (7) el derecho a gobernar, (8) el sufragio universal, (9) el control de los servidores públicos y (10) una representación inteligente y capacitada (71:2.10-19).

Pero como se nos indica, la forma política o administrativa de un gobierno no es relevante siempre y cuando proporciones los elementos esenciales del progreso civil: la libertad, la seguridad, la educación y la coordinación social. Lo importante es lo que el Estado hace para influenciar la evolución social. Él revelador añade algo importante: "Ningún Estado puede estar por encima de los valores morales de su ciudadanía, tal como sus líderes elegidos ejemplifican. La ignorancia y el egoísmo aseguran la caída hasta del tipo más elevado de gobierno" (71:3.1). Son tres las fuerzas bajo las que opera el Estado: (1) La lealtad y el cariño derivados de la realización de la hermandad humana: (2) El patriotismo inteligente basado en ideales profundos y (3) la percepción cósmica interpretada en función de los hechos, las necesidades y los objetivos planetarios(71:3.3-6).

# LA CIVILIZACIÓN EN PROGRESO: CAMINO DE LA FRATERNIDAD

Para subsistir, la economía, la sociedad y el gobierno deben evolucionar. En un mundo evolutivo, el estancamiento es "sintomático de decadencia; solo persisten aquellas instituciones que avanzan siguiendo la corriente evolutiva (71:4.1). El melquisedec nos ofrece doce pautas a seguir si la civilización ha de progresar: (1) El mantenimiento de las libertades individuales, (2), la protección del hogar, (3) el fomento de la seguridad económica, (4) la prevención de las enfermedades, (5) la educación obligatoria, (6) el empleo obligatorio, (7) el uso provechoso del tiempo libre, (8) la asistencia a los desfavorecidos, (9) la mejora de la raza humana, (10) la promoción de las ciencias y las artes, (11) la promoción de la filosofía: la sabiduría y (12) el aumento de la percepción cósmica: la espiritualidad (71:4.2-15).

El avance de la civilización tiene grandes beneficios para la consecución de la hermandad del hombre y la conciencia de Dios:

> 71:4.15 Y este progreso en las artes de la civilización lleva directamente a la realización, de parte de los esforzados mortales, de los objetivos humanos y divinos más elevados —la consecución social de la hermandad del hombre y la condición personal de ser consciente de Dios, algo que se manifiesta en el supremo deseo de toda persona de hacer la voluntad del Padre de los cielos—.

Sus palabras son de esperanza porque "la aparición de la auténtica fraternidad significa que ha llegado un orden social en el que todos los hombres se complacen en llevar las cargas de los demás; desean realmente practicar la regla de oro" (71:4.16).

# EVOLUCIÓN DE LA COMPETITIVIDAD, EL ÁNIMO DE LUCRO, LA EDUCACIÓN, NATURALEZA DEL ESTADO

De nuevo se nos dan algunos consejos y advertencias, en este caso sobre la (1) competitividad, (2) el ánimo de lucro y (3) la educación. La competitividad es esencial para el progreso social, pero puede generar violencia si no se regula (71:5.1). En las eras primitivas, era fundamental para este progreso, pero al avanzar en hombre, se nos dice, la cooperación es más eficaz. Y se añade:

> 71:5.3 [...] En las civilizaciones avanzadas, la cooperación es más efectiva que la competitividad. La competitividad estimula al hombre primitivo. La evolución primitiva se caracteriza por la supervivencia de seres biológicamente aptos, pero las civilizaciones siguientes reciben un mayor impulso a través de la cooperación inteligente, la fraternidad comprensiva y la hermandad espiritual.

La cooperación inteligente, unida a la fraternidad comprensiva y la hermandad espiritual constituyen un gran impulso para la civilización.

Por otro lado, el ánimo de lucro, aunque indispensable para las primeras fases de la humanidad es deleznable e indigno para un orden avanzado de sociedad (71:6.3) y puede además abocar a la economía al fracaso. El melquisedec comenta: "El afán exclusivo de lucro e interés propio es incompatible con los ideales cristianos, y lo es mucho más con las enseñanzas de Jesús (71:6.1).

Además, la educación, base del Estado, debe tener el propósito de adquirir destreza, pero también el de buscar la sabiduría, la realización de uno mismo y el logro de valores espirituales (71:7.1). La educación, que ha de ser una tarea de por vida, ayuda a la humanidad a vivenciar los niveles ascendentes de la sabiduría humana: (1) El conocimiento de las cosas, (2) la comprensión de los significados, (3) la apreciación de los valores, (4) la nobleza del trabajo: el deber, (5) la motivación de los objetivos: la moral, (6) el amor al servicio: el carácter y (7) la percepción cósmica: el discernimiento espiritual (71:7.5-12). A partir de estos logros "muchos ascenderán hasta la postrera consecución mental humana: ser conscientes de Dios" (71:7.13).

El narrador termina este escrito 71 hablando de la división del Estado sus funciones ejecutiva, legislativa y judicial, como "el único rasgo sagrado de cualquier gobierno", y continúa:

> 71:8.1 [...] Al margen de este concepto divino en cuanto a una eficiente regulación social o gobierno civil, poco importa qué forma de Estado pueda elegir el pueblo a condición de que la ciudadanía continúe progresando hacia la meta de un mayor autocontrol y servicio social. La perspicacia intelectual, el juicio económico, la habilidad social y la fuerza moral de un pueblo se reflejan todas fielmente en el Estado.

Nuestro planeta está lejos de la consecución de los altos ideales (71:8.3-12) que ha de poseer un Estado, "pero las razas civilizadas han comenzado el camino —la humanidad avanza hacia destinos evolutivos de un orden superior—" (71:8.15).

## GOBIERNO DE UN PLANETA VECINO

Es totalmente novedoso para nuestro mundo que se nos informe sobre el gobierno de una nación de otro planeta, con una civilización de orden superior, que al parecer no está demasiado lejos y tiene semejantes condicionamientos espirituales. Esta exposición, que tuvo que obtener el permiso de autoridades celestiales, parece tener el propósito, entre otros posibles, de que saquemos algunas conclusiones que puedan favorecer el crecimiento de nuestra civilización. Como en los casos anteriores, además de la simple exposición de los hechos, las reflexiones, las advertencias y los consejos siempre están presentes.

Esta nación continental, del tamaño de Australia aproximadamente, cuenta con 140 millones de habitantes; es de una raza mixta, predominantemente azul y amarilla. La duración media de vida de sus habitantes —no se nos dan detalles físicos de ellos—es de noventa años (72:1.1). Su población es autosuficiente por la abundancia de recursos naturales que favorece el aprovechamiento, entre otras cosas, de la energía hidráulica (72:1.2).

La transición de la monarquía a la forma representativa de gobierno se produjo de forma gradual (72:1.5). El gobierno central o federal está formado por una gran confederación de cien estados relativamente libres (72:2.1). Este gobierno federal consta de tres divisiones igualitarias: ejecutiva, legislativa y judicial. El jefe del ejecutivo federal se elige cada seis años por sufragio universal territorial. La división legislativa engloba tres cámaras elegidas por los distintos grupos de trabajadores, organizaciones y los ancianos estadistas, respectivamente: (1) La cámara alta, (2) la cámara baja y la (3) la tercera cámara (72:2.3-7). Por otro lado, la justicia se administra por medio de dos tipos de tribunales: Los tribunales de justicia (menores, supremos estatales y supremos federales) y los tribunales socioeconómicos (parentales, educacionales e industriales)

Se nos dicen cosas interesantes que pueden tener utilidad en nuestro planeta, como la asistencia de los padres a las escuelas de puericultura:

(811.2)72:3.2 Durante el último siglo, la vida familiar de la población ha mejorado notablemente. Los padres de familia, tanto el padre como la madre, tienen obligatoriamente que asistir a las escuelas de puericultura para padres. Incluso los agricultores que residen en pequeños núcleos rurales llevan a cabo esta tarea por correspondencia, desplazándose a los centros cercanos para recibir instrucción oral una vez cada diez días; esto es, cada dos semanas, puesto que su semana es de cinco días.

También, a los huérfanos se les asignan unos tutores designados por los tribunales parentales, algo que es motivo de orgullo. Hay incluso un concurso público y se asigna a los huérfanos a quienes demuestren mejores aptitudes (72:3.3). Es igualmente interesante lo que leemos sobre la filosofía, la moral y la religión:

72:3.5 Son los padres o los tutores legales los que imparten en el hogar la educación sexual. Los maestros ofrecen la formación moral durante los períodos de descanso en los talleres escolares, pero no ocurre así con la enseñanza religiosa, que se considera un privilegio exclusivo de los padres; la religión se percibe como parte integrante de la vida familiar. La instrucción puramente religiosa solo se imparte públicamente en los templos de la filosofía; en este país no se han desarrollado instituciones exclusivamente religiosas como las iglesias de Urantia. [...]

Puede ser muy relevante conocer el significado que tiene la religión para ellos: "En su filosofía, la religión es el afán de conocer a Dios y de manifestar, mediante el servicio, el amor a sus semejantes" (72:3.5). La religión es por completo algo familiar y no hay lugares destinados especialmente al culto religioso:

72:3.5 [...] En esta sociedad, la religión es una cuestión tan enteramente familiar que no existen lugares públicos dedicados de modo exclusivo a las reuniones religiosas. Políticamente, la Iglesia y el Estado, como los urantianos suelen decir, están totalmente separados, pero existe un extraño solapamiento entre la religión y la filosofía.

Hay otras estipulaciones diferentes a las de nuestro planeta en referencia a la tutela de los padres sobre los hijos, a la edad de votación, al matrimonio y al divorcio (72:3.7-9).

El sistema educativo es obligatorio y mixto, aunque distinto a los de nuestro planeta en cuanto a su metodología y contenidos:

> (812.3)72:4.1 [...] Estas escuelas difieren enormemente de las de Urantia. No hay aulas, se cursa una sola materia cada vez y, tras los primeros tres años, todos los alumnos se convierten en maestros auxiliares, instruyendo a aquellos que están por debajo de ellos. Solo se usan los libros para obtener información que ayude a resolver los problemas que se planteen en los talleres y en las granjas escolares. En estos talleres escolares se fabrica una gran parte del mobiliario utilizado en el continente al igual que muchos artefactos mecánicos —se está en la gran era de la invención y de la mecanización—. Junto a cada taller, hay una biblioteca laboral donde el alumno puede encontrar los libros de consulta que necesite. Se imparte también Agricultura y Horticultura durante todo el período educativo en amplias granjas colindantes con cada una de las escuelas locales.

Los graduados de estas escuelas preuniversitarias son, a los dieciocho años de edad, expertos artesanos; tras dichos estudios comienza la formación en conocimientos especiales y el uso de libros (72:4.6).

En cuanto a su desarrollo industrial, esta nación ha ideado nuevas práctica para evitar roces. La violencia está prohibida y son los tribunales industriales los que resuelven cualquier desavenencia (72:5.3). También la población está comenzando a desarrollar repulsión social hacia la ociosidad y la riqueza inmerecida (72:5.12). Por otro lado, se está consiguiendo reemplazar la caridad por una cobertura que garantice una pensión para la vejez y la protección a los enfermos. Tienen, además, un peculiar sistema de tributación para sufragar al gobierno federal recolectándose (1) de los derechos de importación, (2) de los derechos de autor, (3) del impuesto de sucesiones, (4) del equipamiento militar y (5) de los recursos naturales (72:7.9-13).

Pero además del programa obligatorio de enseñanza elemental desde los cinco a los dieciocho años de edad, hay escuelas especiales: (1) De estadistas, (2) de filosofía, (3) científicas, (4) de formación profesional y (5) militares y navales (72:8.2-7)

Existe también un singular sistema de sufragio universal en el que se impide votar a personas con deficiencias mentales y conductuales. Por otro lado, el tratamiento de la delincuencia puede resultar impactante en algunos de sus aspectos para nuestro planeta, como lo es la aplicación de la pena capital en ciertas condiciones. Cito el párrafo completo:

> (818.4)72:10.1 Los métodos de esta nación para hacer frente a la delincuencia, a la demencia y al declive generativo aunque, en algunos aspectos satisfactorios, en otros resultan, sin duda, impactantes para la mayoría de los urantianos. A los delincuentes ordinarios y a los deficientes se les internan, por sexo, en diferentes colonias agrícolas y son sobradamente autosuficientes. A los delincuentes reincidentes más graves y a los dementes irremediables los tribunales los condenan a morir en las cámaras de gas letal. Numerosos actos criminales, además del asesinato, incluyendo la traición a las responsabilidades gubernamentales, también conllevan la pena capital; y la aplicación de la justicia es segura y pronta.

Esta nación cuenta con un gran equipamiento bélico ofensivo en caso del ataque de otras naciones, pero no se ha usado en los últimos cien años; se "presta mucha más atención a la formación de estadistas, científicos y filósofos" (72:11.4).

En cuanto a las otras naciones, menos evolucionadas, el melquisedec que narra hace notar el sistema equivocado que usan:

> 72:12.2 Justo ahora este gobierno superior tiene previsto establecer relaciones diplomáticas con los pueblos menos avanzados y, por primera vez, ha surgido un gran líder religioso que aboga por el envío de misioneros a estas naciones circundantes. Nos tememos que estén a punto de cometer el mismo error que otros muchos cometieron cuando se propusieron imponer una cultura y religión de índole superior a otras razas. [...]

Y nos informa de la manera alternativa que existe:

> 72:12.2 [...] ¡Qué cosas tan extraordinarias se podrían hacer en este mundo si esta nación continental de avanzada cultura tan solo saliese a los pueblos vecinos y trajese a sus mejores especímenes y luego, tras haberlos instruidos, enviarlos de vuelta como emisarios de la cultura a sus ignorantes hermanos! Por supuesto que si un hijo magistrado llegase pronto a esta adelantada nación, cosas maravillosas podrían acontecer rápidamente en este mundo.

Tal como continúa el revelador, nuestro planeta, gracias a la efusión del Espíritu de la Verdad, está más preparada para un gobierno planetario que este planeta vecino:

> 72:12.5 La efusión del Espíritu de la Verdad proporciona las bases espirituales para la realización de grandes logros en aras de la raza humana de los mundos de gracia. Urantia está, pues, mucho mejor preparada para la más inmediata

consecución de un gobierno planetario con sus leyes, mecanismos, símbolos, convenciones e idioma —todo lo cual podría contribuir poderosamente al establecimiento de la paz mundial bajo la ley y podría dar lugar en algún momento al amanecer de una verdadera era de conquista espiritual, que constituye el umbral planetario de las eras ideales de luz y vida—.

Ojalá se lleve pronto a efecto. Nuestro mundo está actualmente devastado por guerras debidas a la falta de fraternidad y de solidaridad, con cientos de miles de muertos y desplazados.

Esta larga introducción sobre la formación del gobierno y sus instituciones en nuestro mundo y la del gobierno aledaño no debe ser óbice ni mucho menos para que no se haga una lectura minuciosa de los escritos que siguen. Como otras veces he mencionado, mis palabras no son sino una pavesa que se apaga frente a la luz brillante de la narración de los reveladores melquisedecs. Por labor pedagógica, para el avance de nuestra civilización —cuando quiera que lleguen estas páginas a estas o a las siguientes generaciones—, sí he querido destacar algunos de sus sabios consejos y advertencias; todas en pro de que vayamos en camino de la fraternidad a escala mundial. Ojala no hagamos oídos sordos a sus palabras. (Ángel F. Sánchez Escobar, profesor universitario, doctor en Filología Inglesa, Filología Hispánica y Teología)

# ESCRITO 68: LOS ALBORES DE LA CIVILIZACIÓN

(763.1)68:0.1 Comienza aquí la narración de la larguísima y continuada lucha de la especie humana partiendo de una existencia algo superior a la animal, a través de las eras intermedias, y hasta épocas posteriores, cuando una verdadera civilización, aunque imperfecta, evolucionó de las razas mejor dotadas de la humanidad.

(763.2)68:0.2 La civilización es una adquisición de la raza humana; no es biológicamente consustancial a ella; de ahí que todos los niños tengan que crecer en un entorno de cultura, en tanto que cada generación venidera de jóvenes ha de obtener nuevamente su educación. Las cualidades superiores de la civilización —científicas, filosóficas y religiosas— no se transmiten de una generación a otra mediante herencia directa. Tales logros culturales se preservan únicamente mediante la protección inteligente de la herencia social.

(763.3)68:0.3 Los maestros de Dalamatia[7] introdujeron el desarrollo social de tipo cooperativo y, durante trescientos mil años, se formó a la humanidad en la idea de actividades grupales. El hombre azul, sobre todo, se benefició de estas primeras enseñanzas sociales, en cierta medida lo hizo el hombre rojo y, menos que los demás, el hombre negro. En los últimos tiempos, son la raza amarilla y la blanca las que han demostrado tener el desarrollo social más avanzado de Urantia.

## 1. SOCIALIZACIÓN PROTECTORA

(763.4)68:1.1 Cuando han de vivir en estrecho contacto, los seres humanos a menudo aprenden a gustarse unos a otros, pero el hombre primitivo no rebosaba por naturaleza del espíritu de los sentimientos fraternales ni del deseo de tener un contacto social con sus semejantes. Más bien, las razas primitivas aprendieron a través de experiencias dolorosas que "la unión hace la fuerza"; y es esta falta de atracción fraternal natural la que, en la actualidad, obstaculiza la realización inmediata de la hermandad del hombre en Urantia.

(763.5)68:1.2 La asociación se convirtió pronto en el precio a pagar por la supervivencia. El hombre solitario estaba indefenso a no ser que llevara la marca tribal que evidenciara que pertenecía a un grupo que ciertamente se vengaría de cualquier agresión que sufriese. Incluso en la época de Caín, resultaba letal salir de su territorio solo sin llevar alguna señal de pertenencia a un grupo[8]. La civilización se ha convertido en el seguro del hombre contra la muerte violenta, mientras se paga su coste sometiéndose a las numerosas exigencias de las leyes de la sociedad.

(763.6)68:1.3 La sociedad primitiva se fundó, por tanto, sobre una reciprocidad de necesidades y sobre el reforzamiento de la seguridad que proporcionaba la asociación. Y la sociedad humana ha evolucionado en inacabables ciclos como resultado de este temor al aislamiento y la aversión a la cooperación.

(763.7)68:1.4 Los seres humanos primitivos aprendieron tempranamente que los grupos son inmensamente superiores y más fuertes que la simple suma de cada uno de los individuos que los componen. Cien hombres unidos y trabajando al unísono pueden mover una gran piedra; una veintena de guardianes de la paz bien entrenado pueden contener una multitud enfurecida. Y así nació la sociedad, no de la mera asociación numérica, sino más bien *organizándose* y cooperando de forma inteligente. Si bien, la cooperación no es un rasgo natural del hombre; en un principio, el hombre aprende a cooperar gracias al miedo y luego porque descubre entonces que le resulta muy beneficioso para enfrentarse a las dificultades del tiempo y protegerse de los supuestos peligros de la eternidad.

(764.1)68:1.5 Así pues, los pueblos que se organizaron pronto en sociedades primitivas consiguieron tener más éxito en su lucha contra la naturaleza al igual que en su defensa frente a sus semejantes; tenían mayores posibilidades de sobrevivir; de ahí que la civilización en Urantia haya avanzado de forma ininterrumpida, a pesar de sus numerosos reveses. Y es solo debido al fortalecimiento del valor de la supervivencia por medio de la asociación que los muchos errores del hombre no hayan conseguido frenar ni destruir, hasta el momento, la civilización humana.

(764.2)68:1.6 La sociedad cultural contemporánea es más bien un fenómeno reciente, y este hecho está bien demostrado por la supervivencia actual de unas condiciones sociales tan primitivas como las que caracterizan a los aborígenes australianos y a los bosquimanos y a los pigmeos de África. Entre estos pueblos atrasados se puede observar algo de la antigua hostilidad tribal, la desconfianza personal y otros rasgos extremadamente antisociales tan característicos de todas las razas primitivas. Estos restos deplorables de los pueblos antisociales de los tiempos antiguos atestiguan elocuentemente el hecho de que la tendencia individualista natural del hombre no puede competir con éxito con las organizaciones y asociaciones más potentes y poderosas que promueven el progreso social. Estas razas antisociales atrasadas y desconfiadas, que hablan un dialecto diferente cada sesenta u ochenta kilómetros, demuestran en qué tipo de mundo estaríais viviendo ahora si no hubiera sido por las enseñanzas combinadas de la comitiva corpórea del príncipe planetario y la labor posterior del grupo adánico de mejoradores raciales.

(764.3)68:1.7 La expresión moderna, "volver a la naturaleza", es un engaño nacido de la ignorancia, una creencia en la realidad de una antigua e imaginaria "edad de oro". La única base sobre la que se forjó la leyenda de la edad de oro es el hecho histórico de la existencia de

Dalamatia y del Edén. Pero estas desarrolladas sociedades estaban lejos de ser unos sueños utópicos hechos realidad.

# 2. FACTORES DEL PROGRESO SOCIAL

(764.4)68:2.1 La sociedad civilizada es el resultado de los primeros intentos del hombre por sobreponerse a su aversión al *aislamiento*. Pero esto no significa necesariamente que existiese afecto mutuo, y el actual estado tumultuoso de ciertos grupos subdesarrollados son una buena muestra de las circunstancias por las que atravesaron las primeras tribus; y aunque los integrantes de una civilización puedan entrar en conflicto y luchar unos contra otros, y aunque la civilización en sí pueda parecer una muchedumbre incompatible que se esfuerza y lucha se evidencia en ella un esfuerzo entusiasta; no la letal monotonía del estancamiento.

(764.5)68:2.2 Aunque el nivel de inteligencia ha contribuido de forma notable al ritmo del progreso cultural, la sociedad está fundamentalmente diseñada para reducir el factor de riesgo en el modo de vivir de las personas, y ha avanzado tan rápidamente como ha conseguido aminorar el dolor y aumentar el factor de placer en la vida. Por ello, todo el órgano social sigue adelante de forma lenta hacia su meta y destino —la extinción o la supervivencia— dependiendo de si la meta es autoconservación o autogratificación. La autoconservación da origen a la sociedad, mientras que la excesiva autogratificación la destruye.

(764.6)68:2.3 La sociedad se preocupa de la autoperpetuación, de la autoconservación y de la autogratificación, pero la autorrealización humana merece convertirse en el objetivo inmediato de muchos grupos culturales.

(765.1)68:2.4 El instinto de la manada del hombre natural[9] es apenas suficiente para justificar el desarrollo de una organización social tal como la que existe ahora en Urantia. Aunque esta innata tendencia gregaria subyace en la sociedad humana, una gran parte de la sociabilidad del hombre es adquirida. Hubo dos grandes factores que contribuyeron a la temprana asociación de los seres humanos: el hambre de alimentos y el deseo sexual; el hombre comparte estos impulsos instintivos con el mundo animal. Las otras dos emociones que llevaron a los seres humanos a unirse y a *mantenerse* juntos fueron la vanidad y el miedo, muy especialmente el miedo a los espíritus.

(765.2)68:2.5 La historia no es sino la documentación de la sempiterna lucha del hombre por el alimento. *El hombre primitivo solo pensaba cuando tenía hambre*; guardar alimentos fue su primer acto de abnegación y de autodisciplina. Con el desarrollo de la sociedad, el hambre de comida cesó de ser el único aliciente para la asociación mutua. Numerosos otros tipos de hambre y la satisfacción de diversas necesidades llevaron todos a la asociación más estrecha de la humanidad. Pero hoy día la sociedad es inestable a causa de la proliferación desorbitada de supuestas necesidades humanas. La civilización occidental del siglo veinte gime cansadamente bajo la presión de la ingente sobrecarga del lujo y de la multiplicación desmedida de deseos y anhelos humanos. La sociedad moderna se encuentra bajo la presión de uno de sus más peligrosos periodos debido a su extensa interasociación y a su sumamente compleja interdependencia.

(765.3)68:2.6 El hambre, la vanidad y el miedo a los espíritus efectuaron una continua presión social, pero la gratificación sexual fue transitoria y errática. El impulso sexual por sí solo no indujo a los hombres y mujeres primitivos a asumir las pesadas cargas del mantenimiento del hogar. El hogar primitivo se fundó sobre la agitación sexual del varón cuando se le privaba de una asidua gratificación y sobre el dedicado amor maternal de la hembra humana, el cual, hasta cierto grado, comparte con las hembras de todos los animales superiores. La presencia de un niño indefenso determinó la primera diferenciación de las actividades del hombre y de la mujer; la mujer tenía que mantener una residencia fija donde pudiera cultivar la tierra. Y desde los tiempos más primitivos, siempre se consideraba hogar allí donde se encontrara la mujer.

(765.4)68:2.7 Así pues, la mujer se convirtió pronto en indispensable para la estructura social que se iba desarrollando, no tanto por la efímera pasión sexual sino como consecuencia de las *necesidades alimenticias;* ella era una parte fundamental en la manutención. Fue proveedora de alimentos, bestia de carga y compañera capaz de soportar graves abusos sin resentimientos violentos y, además de todos estos rasgos deseables, era un permanente medio de gratificación sexual.

(765.5)68:2.8 Casi todo lo que hay de valor perdurable en la civilización tiene sus raíces en la familia. La familia fue el primer exitoso grupo pacifista, pues, en ella, el hombre y la mujer aprendieron a reconciliar sus antagonismos y, al mismo tiempo, a enseñar a sus hijos a buscar la paz.

(765.6)68:2.9 La función del matrimonio en la evolución es asegurar la supervivencia de la raza, no simplemente el logro de la felicidad personal; la autoconservación y la autoperpetuación son los verdaderos objetivos del hogar. La autocomplacencia es algo secundaria y no esencial salvo como incentivo para garantizar la unión entre los sexos. La naturaleza exige la supervivencia, pero las artes de la civilización continúan incrementando los placeres del matrimonio y las satisfacciones de la vida familiar.

(765.7)68:2.10 Si se amplía el concepto de vanidad hasta abarcar el orgullo, la ambición y el honor, entonces se puede apreciar no solo cómo estas inclinaciones contribuyen a la formación de las asociaciones humanas, sino también cómo mantienen a los hombres unidos, ya que dichas emociones son fútiles sin un público ante el que exhibirse. Pronto la vanidad se relacionó con otras emociones e impulsos que implicaban un ámbito social en el que manifestarse y sentirse gratificados. Este grupo de emociones dio origen a los tempranos comienzos de todas las artes, de los ceremoniales y de todas las formas de juegos deportivos y competiciones.

(766.1)68:2.11 La vanidad contribuyó poderosamente al nacimiento de la sociedad; pero en el momento de estas revelaciones, los tortuosos afanes de una generación envanecida amenazan con empantanar toda la compleja estructura de una civilización altamente especializada. Hace mucho tiempo que la querencia del placer sustituyó a la de los alimentos; los fines sociales legítimos de la autoconservación se están transformando rápidamente en formas abjectas y amenazantes de autogratificación. La autoconservación forja sociedades; la autogratificación desmedida destruye indefectiblemente la civilización.

# 3. INFLUENCIA SOCIALIZADORA DEL MIEDO A LOS ESPÍRITUS

(766.2)68:3.1 Los deseos primitivos dieron lugar a la sociedad primigenia, pero el miedo a los espíritus de los muertos la mantuvo unida y trasmitió a su existencia un aspecto extrahumano. El miedo común tenía un origen fisiológico: miedo al dolor físico, al hambre insatisfecha o a alguna calamidad terrenal; pero el miedo a los espíritus era un tipo de terror nuevo y reverencial.

(766.3)68:3.2 Probablemente, el soñar con los espíritus fue por si solo el factor principal que facilitó el desarrollo de la sociedad humana. Aunque la mayoría de los sueños perturbaba enormemente a la mente primitiva, el soñar con espíritus realmente aterrorizaba a los primeros hombres, llevando a estos soñadores supersticiosos a extender sus brazos a los demás en su disposición seria a asociarse para protegerse mutuamente contra peligros que se mostraban vagos, invisibles e imaginarios del mundo de los espíritus. El sueño fantasmal constituyó una de las más tempranas diferencias entre la mente de orden animal y la de orden humano. Los animales no visibilizan la supervivencia después de la muerte.

(766.4)68:3.3 Salvo por este elemento fantasmal, toda la sociedad se fundó sobre las necesidades fundamentales y los impulsos biológicos básicos. Si bien, el miedo a los espíritus introdujo un nuevo componente en la civilización, un miedo que sobrepasaba las necesidades elementales de las personas y que superaba las luchas por preservar el grupo. El terror a los espíritus de los difuntos puso de manifiesto una nueva y sorprendente forma de miedo, un terror atroz y poderoso que provocó que los dispersos órdenes sociales de las eras primitivas se hiciesen más sólidamente disciplinados y mejor dirigidos que los de los tiempos antiguos. Esta superstición sin sentido, algo de la cual todavía persiste, preparó las mentes de los hombres, mediante el miedo supersticioso a lo irreal y a lo sobrenatural, para el futuro reconocimiento de que "el principio de la sabiduría es el temor del Señor"[10]. Los miedos infundados de la evolución están destinados a ser reemplazados por el sobrecogimiento reverente hacia la Deidad, que la Revelación inspira. El temprano culto del miedo a los espíritus se convirtió en un fuerte vínculo social y, desde aquel día remoto, la humanidad continúa esforzándose en mayor o menor medida para lograr la espiritualidad.

(766.5)68:3.4 El hambre y el amor impulsaron a los hombre a unirse; la vanidad y el miedo a los espíritus los mantuvieron unidos. Si bien, estas emociones por si solas sin la influencia de revelaciones promotoras de la paz son incapaces de soportar la tensión de las desconfianzas y sentimientos de ira que se originan en las interrelaciones humanas. Sin la ayuda de causas sobrehumanas, las tensiones en la sociedad hacen que esta se quiebre, y estos mismos factores que causan la movilización social —el hambre, el amor, la vanidad y el miedo— se confabulan para sumir a la humanidad en la guerra y en el derramamiento de sangre.

(766.6)68:3.5 La predisposición a la paz de la raza humana no es un bien natural; es producto de las enseñanzas de la religión revelada, de la experiencia acumulada de las razas avanzadas, pero sobre todo de las enseñanzas de Jesús, el Príncipe de la Paz[11].

# 4. EVOLUCIÓN DE LAS COSTUMBRES

(767.1)68:4.1 Todas las instituciones sociales modernas resultan de la evolución de las costumbres primitivas de vuestros ancestros salvajes; las convenciones de hoy son las costumbres, modificadas y ampliadas, del ayer. El hábito es para la persona lo que la costumbre es para el grupo; y las costumbres de los grupos se convierten con el tiempo en tradiciones populares o tribales —en convenciones colectivas—. A partir de estos tempranos y humildes inicios se han originado todas las instituciones actuales de la sociedad humana

(767.2)68:4.2 Hay que tener en cuenta que las costumbres provienen del afán por adaptar la vida del grupo a las condiciones de la existencia colectiva; las costumbres fueron la primera institución social del hombre. Y todas estas reacciones tribales surgieron de iniciativas tomadas para evitar el dolor y la humillación, procurando, al mismo tiempo, conjugar placer y poder. El origen de las tradiciones populares, tal como el de las lenguas, es siempre inconsciente e involuntario y, por consiguiente, siempre envuelto en un halo de misterio.

(767.3)68:4.3 El miedo a los espíritus llevó al hombre primitivo a visibilizar lo sobrenatural, estableciendo así unas bases firmes para esas poderosas influencias sociales de la ética y la religión que, a su vez, conservaron inalteradas las costumbres y las tradiciones de la sociedad de generación en generación. Lo único que tempranamente estableció y cristalizó las costumbres fue la creencia de que los difuntos eran celosos guardianes de los hábitos en los que habían vivido y muerto; por tal motivo, infligirían un terrible castigo a los mortales vivos que osaran tratar con despreocupación y desdén las normas de vida a las que habían honrado cuando estaban en la carne. Todo esto queda perfectamente ilustrado por la actual veneración que siente la raza amarilla por sus ancestros. La religión primitiva que se desarrolló posteriormente reforzó sensiblemente el miedo a los espíritus al preservar las costumbres; sin embargo, la civilización en su avance ha venido liberando cada vez más a la humanidad de las ataduras del miedo y de la esclavitud de la superstición.

(767.4)68:4.4 Antes de las enseñanzas de los maestros de Dalamatia que le liberaban y le hacía más receptivos a nuevas ideas, el hombre ancestral era una víctima indefensa de los usos ritualistas; el salvaje primitivo estaba cercado por un sinfín de ceremoniales. Todo lo que hacía desde que se despertaba por la mañana hasta el momento de dormir por la noche en su cueva tenía que hacerlo de una determinada manera —según las tradiciones de la tribu—. Era esclavo de la tiranía de los usos establecidos; en su vida no había nada libre, espontáneo ni original. No existía ningún progreso natural hacia una existencia mental, moral o social de orden superior.

(767.5)68:4.5 El hombre primitivo estaba poderosamente atenazado por las costumbres; el salvaje era auténtico esclavo de los usos establecidos; pero en ocasiones surgían quienes se atrevían a variar tales usos e introducían nuevas formas de pensar y mejores sistemas de vida. No obstante, la inercia del hombre primitivo representa el freno de seguridad biológico que evita una precipitación demasiado repentina en los desastrosos desajustes de una civilización que avance con extremada rapidez.

(767.6)68:4.6 Sin embargo, estas costumbres no son un mal absoluto; su avance debe continuar. Emprender la transformación masiva de la civilización mediante una revolución radical podría resultar prácticamente letal. La costumbre ha sido el hilo conductor que ha mantenido a la civilización unida. El curso de la historia humana está lleno de los vestigios de costumbres descartadas y de prácticas sociales obsoletas; pero no ha perdurado ninguna civilización que haya abandonado sus costumbres, excepto para adoptar otras mejores y más aptas.

(767.7)68:4.7    La supervivencia de una sociedad depende mayormente de la evolución gradual de sus costumbres, que surge del deseo de experimentación. Se plantean nuevas ideas —y se entabla una oposición entre ellas—. Una civilización que progresa adopta la idea avanzada y perdura; el tiempo y las circunstancias acaban por seleccionar al grupo más apto para sobrevivir. Pero esto no significa que cada uno de los cambios individuales y aislados que se realizan en la composición de la sociedad humana haya sido para su mejora. ¡No! ¡Por supuesto que no! En Urantia, en la larga lucha por avanzar de su civilización, ha habido muchísimos retrocesos.

## 5. TÉCNICAS DEL MANEJO DEL SUELO: LAS ARTES DEL SUSTENTO

(768.1)68:5.1 El suelo es el escenario de la sociedad; los hombres, sus actores. Y el hombre debe adaptar constantemente sus actuaciones para amoldarse a las condiciones del suelo. La evolución de las costumbres siempre depende de la relación suelo-hombre. Esto es cierto a pesar de que sea difícil de comprender. La técnica del manejo del suelo de parte del hombre, o las artes del sustento, más sus condiciones de vida, es igual a la suma total de las tradiciones populares, de las costumbres. Y la suma total de la adaptación del hombre a las exigencias de la vida es igual a su civilización cultural.

(768.2)68:5.2 Las primeras culturas humanas surgieron a lo largo de los ríos del hemisferio oriental, y se dieron las cuatro grandes etapas en el progreso de la civilización:

(768.3)68:5.3 1. *Etapa de recolección*. La compulsión por la comida, el hambre, llevó a la primera forma de trabajo organizado, a hileras de seres recopilando alimentos. A veces, en su marcha contra el hambre, al pasar por las tierras en donde rebuscaban la comida, se formaban filas de quince kilómetros de largo. Esta era constituye la etapa de la cultura nómada primitiva, y es el modo de vida que en la actualidad siguen los bosquimanos de África.

(768.4)68:5.4 2. *Etapa de caza*. La invención de armas rudimentarias permitió al hombre convertirse en cazador, consiguiendo pues liberarse de forma notable de su esclavitud a la comida. Un reflexivo andonita, que se había contusionado gravemente el puño en un duro combate, redescubrió la idea de usar un palo largo como su propio brazo y un trozo de pedernal duro, atado en el extremo con tendones, como su puño. Por su cuenta, muchas tribus hicieron descubrimientos de este tipo, y estas diferentes clases de mazos llegaron a representar uno de los más grandes avances de la civilización humana. Hoy en día algunos aborígenes australianos no han progresado mucho más allá de esta etapa.

(768.5)68:5.5 Los hombres azules se convirtieron en cazadores y tramperos expertos; cercando los ríos, capturaban una gran cantidad de peces, desecando el excedente para consumirlo en el invierno. Para atrapar las presas, se usaban muchas formas ingeniosas de lazos y trampas, pero las razas más primitivas no cazaban animales de gran tamaño.

(768.6)68:5.6 3. *Etapa de pastoreo*. La domesticación de los animales posibilitó este estadio de la civilización. Los árabes y los originarios de África figuran entre los pueblos pastores más recientes.

(768.7)68:5.7 La vida pastoril propició un alivió añadido ante la esclavitud de la comida; el hombre aprendió a vivir de los rendimientos de sus recursos, del incremento de sus rebaños; y esto le proporcionó más tiempo libre para la cultura y el progreso.

(768.8)68:5.8　La sociedad prepastoril se caracterizó por la cooperación entre los sexos, pero la expansión de la cría de animales rebajó a la mujer al abismo de la esclavitud social. En tiempos pasados, era obligación del hombre conseguir alimentos de origen animal; la mujer se ocupaba de proporcionar productos vegetales comestibles. Por consiguiente, al incorporarse el hombre a la era pastoril, la dignidad de la mujer decayó enormemente. La mujer aún debía trabajar duro a fin de proveer los vegetales necesarios para la vida; mientras que el hombre solo tenía que acudir a sus rebaños para conseguir abundante alimentos de origen animal. El hombre se volvió, de este modo, relativamente independiente de la mujer; durante toda la época pastoril, el estatus de la mujer declinó constantemente. Al cierre de esta era, las mujeres se habían convertido en apenas algo más que en animales humanos, relegadas a trabajar y a dar a luz a la prole humana, de forma muy parecida a los animales del rebaño, de los que se esperaba que trabajaran y parieran las crías. Los hombres de las épocas pastoriles sentían un gran cariño por su ganado; resulta por ello tan lamentable que no hubiesen desarrollado un afecto más profundo hacia sus esposas.

(769.1)68:5.9　4. *Etapa agrícola*. Esta era se produjo gracias a la domesticación de las plantas, y es representativa del más alto nivel de civilización de orden material. Tanto Caligastia como Adán procuraron enseñar horticultura y agricultura. Adán y Eva fueron horticultores, y no pastores, y la horticultura constituía en esos días una forma de cultura avanzada. El cultivo de plantas tiene un efecto ennoblecedor en todas las razas del género humano.

(769.2)68:5.10　La agricultura cuadriplicó con creces la proporción suelo-hombre del mundo. Se puede combinar con las actividades pastoriles de la anterior etapa cultural. Cuando se solapan las tres etapas, los hombres cazan y las mujeres cultivan la tierra.

(769.3)68:5.11　Siempre han existido roces entre los pastores y los cultivadores del suelo. El cazador y el pastor eran combativos, belicosos;

el agricultor es más amante de la paz. La asociación con los animales apunta a lucha y a fuerza; la asociación con las plantas infunde paciencia, paz y tranquilidad. La agricultura y el industrialismo son las actividades de la paz. Pero el punto débil de ambos, como actuaciones sociales en el mundo, es que carecen de emoción y aventura.

(769.4)68:5.12 La sociedad humana ha evolucionado desde la etapa de la caza hasta la etapa territorial de la agricultura, pasando por la pastoril. Y al progresar la civilización, cada una de estas etapas iba acompañada de la paulatina disminución del nomadismo; el hombre empezó a vivir en su hogar cada vez más.

(769.5)68:5.13 Y en la actualidad es la industria la que está complementando a la agricultura, con el consiguiente aumento de la urbanización y de la multiplicación de grupos de ciudadanos no agrícolas. Pero una era industrial no tiene esperanzas de sobrevivir si sus líderes no consiguen reconocer que incluso las más altas cotas de desarrollo social han de apoyarse siempre sobre una sólida base agrícola.

# 6. EVOLUCIÓN DE LA CULTURA

(769.6)68:6.1 El hombre es una criatura de la tierra, un hijo de la naturaleza; por muy encarecidamente que intente escapar del suelo, está, en definitiva, destinado al fracaso. La expresión "polvo eres y al polvo volverás"[12] es verdaderamente aplicable, de forma literal, a toda la humanidad. La lucha fundamental del hombre fue, sigue siendo y siempre será una pugna por el suelo. Con el propósito de ganar este orden de lucha, se crearon las primeras sociedades de seres humanos primitivos. La proporción suelo-hombre subyace en toda civilización social.

(769.7)68:6.2 La inteligencia del hombre, sirviéndose de las artes y de las ciencias, incrementó el rendimiento del suelo; al mismo tiempo, el aumento natural de vástagos se pudo regular en cierta medida y, por consiguiente, se facilitó el sustento y el esparcimiento para construir una civilización cultural.

(769.8)68:6.3 La sociedad humana se rige por una ley que estipula que la población debe variar en proporción directa a las artes del manejo del suelo y en proporción inversa a un nivel de vida dado. A lo largo de todas estas tempranas eras, incluso más que en la actualidad, la ley de la oferta y la demanda en lo que se refiere a hombres y a suelo determinaba el valor previsto de ambos. Durante los tiempos en los que había cuantioso suelo —territorios desocupados—, había una gran necesidad de hombres y, como consecuencia, el valor de la vida humana mejoró bastante en apreciación; de ahí que la pérdida de vidas fuese más terrible. Durante los períodos de escasez de suelo, a lo que se unía la sobrepoblación, la vida humana se desvalorizó correspondientemente, con lo que la guerra, el hambre y la peste se consideraban menos preocupantes.

(770.1)68:6.4 Cuando decrece el rendimiento del suelo o aumenta la población, se reanuda la inevitable lucha; aflora la peor faceta de la naturaleza humana. La mejora en el rendimiento del suelo, la ampliación de las artes mecánicas y la reducción de la población tienden en su totalidad a promover el desarrollo del mejor lado de la naturaleza humana.

(770.2)68:6.5 Una sociedad fronteriza desarrolla el lado no especializado de la humanidad; las bellas artes y el verdadero progreso científico, junto con la cultura espiritual, han llegado a florecer más óptimamente en los mayores núcleos habitados, siempre que estuviesen apoyados por una población agrícola e industrial algo por debajo de la proporción suelo-hombre. Las ciudades siempre multiplican la capacidad de sus habitantes para el bien o para el mal.

(770.3)68:6.6 Los niveles de vida han tenido siempre efecto sobre el tamaño de la familia. Cuanto más elevado es el nivel de vida, más pequeña es la familia, hasta el punto de quedar fijada o extinguirse gradualmente.

(770.4)68:6.7 A través de los tiempos, los niveles de vida han determinado la condición de la población superviviente en contraste con la mera cantidad. Los niveles de vida de las clases locales dan origen a nuevas castas sociales, a nuevas costumbres. Cuando dichos niveles llegan a ser demasiado complejos o excesivamente lujosos se convierten rápida-mente en autodestructivos. Las castas son una consecuencia directa de la gran tensión social formada a raíz de la fuerte competencia que produce la densidad de la población.

(770.5)68:6.8 A menudo, las primeras razas recurrían a prácticas encaminadas a restringir la población; todas las tribus primitivas mataban a los niños deformes o enfermizos. Con frecuencia, se mataba a las niñas pequeñas antes de la práctica de la venta de esposas. Algunas veces se estrangulaba a los hijos al nacer, pero el método preferido era exponerlos a las inclemencias del tiempo u a otros peligros. El padre de gemelos instaba normalmente a que se matara a uno de los dos porque se pensaba que los nacimientos múltiples se debían a la magia o a la infidelidad. Por lo general, sin embargo, a los gemelos del mismo sexo se les perdonaba. Aunque alguna vez estos tabúes sobre los gemelos estaban prácticamente generalizados, nunca formaron parte de las costumbres de los andonitas; estos pueblos siempre consideraron a los gemelos como una señal de buena suerte.

(770.6)68:6.9 Muchas razas aprendieron la técnica del aborto, y esta práctica se convirtió en algo bastante común después de que se implantara el tabú sobre el parto entre las no casadas. Durante mucho tiempo, las jóvenes solteras tuvieron la costumbre de matar a sus vástagos, pero, entre los grupos más civilizados, estos hijos ilegítimos quedaban bajo la custodia de la madre de la joven. La práctica del aborto y del infanticidio casi llevó a muchos clanes primitivos al exterminio. Pero independientemente de los dictados de las costumbres, a muy pocos niños se les quitaba la vida tras haber sido alguna vez amamantados —el cariño maternal es muy fuerte—.

(770.7)68:6.10 Todavía en el siglo veinte persisten vestigios de este control primitivo sobre la población. En Australia existe una tribu cuyas madres se niegan a criar a más de dos o tres hijos. No hace mucho que una tribu caníbal se comía a cada quinto hijo que naciera. En Madagascar, algunas tribus siguen quitándole la vida a todos los niños nacidos en ciertos días de mala suerte, resultando en la muerte de aproximadamente el veinticinco por ciento de todos los recién nacidos.

(770.8)68:6.11 Desde una perspectiva mundial, la sobrepoblación nunca fue un problema serio en el pasado, pero, si las guerras disminuyen y la ciencia adquiere un creciente control sobre las enfermedades humanas, esta puede convertirse, en un futuro cercano, en un grave dilema. En tal momento, la sabiduría de los líderes del mundo se verá sometida a una gran prueba. ¿Tendrán los dirigentes de Urantia la lucidez y la valentía para fomentar la multiplicación del ser humano promedio o estable[13] en lugar de facilitársela a grupos extremos que o bien sobrepasan la media de normalidad[14] o que, protagonistas de un enorme crecimiento, están por debajo de ella? Se debe fomentar al hombre normal; él es la columna vertebral de la civilización y el origen de los genios mutantes de la raza[15]. Se ha de mantener al hombre de capacidad intelectual inferior a la normalidad bajo el control de la sociedad; no debe haber más de los que se necesiten para gestionar los niveles inferiores de la industria, esto es, esas tareas que precisan una inteligencia por encima del nivel animal, pero cuyo bajo grado de exigencia resultan una verdadera esclavitud y una servidumbre para los individuos mejores dotados de la humanidad.

(771.1)68:6.12 [Exposición de un melquisedec emplazado en otro tiempo a Urantia.]

# ESCRITO 69: INSTITUCIONES HUMANAS PRIMITIVAS

(772.1)69:0.1 Emocionalmente, el hombre trasciende a sus ancestros animales por su capacidad de valorar el humor, el arte y la religión. Socialmente, el hombre manifiesta su superioridad por cuanto que es fabricante de herramientas, comunicador y creador de instituciones.

(772.2)69:0.2 Cuando los seres humanos mantienen los grupos sociales por mucho tiempo, estas colectividades son siempre proclives a la formación de determinadas pautas que culminan en su institucionalización. La mayor parte de las instituciones del hombre han demostrado ser ahorradoras de trabajo, a la vez que contribuidoras a la mejora de la seguridad del grupo.

(772.3)69:0.3 El hombre civilizado está muy orgulloso de la naturaleza, la estabilidad y la continuidad de sus instituciones establecidas, pero todas las instituciones humanas no son más que las costumbres acumuladas del pasado tal como han sido conservadas por los tabúes y dignificadas por la religión. Estos legados se convierten en tradiciones, y las tradiciones acaban por transformarse en convenciones.

## 1. INSTITUCIONES HUMANAS BÁSICAS

(772.4)69:1.1 Todas las instituciones humanas sirven a alguna necesidad social, pasada o actual, con independencia de que su desmesurado desarrollo menoscabe de forma indefectible la integridad y valía de las personas al eclipsar su personalidad y reducir su iniciativa. El hombre debe regir sus instituciones en lugar de dejarse dominar por estas creaciones que han nacido con el avance de la civilización.

(772.5)69:1.2 Las instituciones humanas son de tres clases generales:

(772.6)69:1.3     1. *Instituciones de autoconservación*. Estas instituciones engloban aquellas prácticas nacidas del hambre de comida y de instintos afines relacionados con la autopreservación. En ellas se incluyen la industria, la propiedad, la guerra para fines de lucro, y todos los mecanismos reguladores de la sociedad. Tarde o temprano, el instinto del miedo favorece el establecimiento de estas instituciones de supervivencia por medio del tabú, las convenciones y la aprobación religiosa. Si bien, el miedo, la ignorancia y la superstición han desempeñado un papel notable en los tempranos orígenes y en el desarrollo posterior de todas las instituciones humanas.

(772.7)69:1.42.     2. *Instituciones de autoperpetuación*. Se trata de estructuras sociales que surgen del apetito sexual, del instinto materno y de los sentimientos tiernos y superiores de las razas. Abarcan la protección social del hogar y la escuela, de la vida familiar, la educación, la ética y la religión. Incluyen las costumbres matrimoniales, las guerras de defensa y el establecimiento del hogar.

(772.8)69:1.5 3. *Instituciones de autogratificación*. Se trata de prácticas que surgen de la propensión a la vanidad y de las emociones del orgullo; y engloban las costumbres en el vestir y en el adorno personal, los usos sociales, las guerras por conseguir gloria, el baile, la diversión, los juegos y otras facetas de gratificación sensual. Pero en la civilización jamás se han desarrollado peculiares instituciones de autogratificación.

(772.9)69:1.6 Estos tres grupos de prácticas sociales están íntimamente interrelacionados y son intensamente interdependientes unos de otros. En Urantia, constituyen una organización compleja que actúa como un solo mecanismo social.

# 2. COMIENZOS DE LA LABORIOSIDAD

(773.2)69:2.1 La laboriosidad del hombre primitivo se desarrolló lentamente en previsión al terror a las hambrunas. Al comienzo de su existencia, el hombre empezó a aprender de algunos animales, los cuales, durante una cosecha abundante, almacenaban comida para los días de escasez.

(773.3)69:2.2 Antes de los primeros momentos de economización y de esta laboriosidad, las tribus vivían normalmente en una situación de penuria y de auténtico sufrimiento. Los primeros hombres tenían que competir con todo el reino animal para conseguir sus alimentos. El peso que conlleva esta competición arrastra siempre al hombre hacia el nivel animal; la pobreza es su estado natural y opresivo. La riqueza no es un don natural; es el resultado del trabajo, del conocimiento y de la organización.

(773.4)69:2.3 El hombre primitivo no tardó demasiado en reconocer las ventajas de la asociación. Esta llevó a la organización, y la primera consecuencia de dicha organización fue la división del trabajo, con su inminente ahorro de tiempo y de materiales. La especialización del trabajo surgió como adecuación a unas demandas —buscan-do el camino que ofreciera una menor resistencia[16]—. Los salvajes primitivos nunca realizaban verdaderos trabajos ni gustosamente ni voluntariamente. En su caso, su disponibilidad se debía a la coerción que la necesidad ejercía sobre ellos.

(773.5)69:2.4 El hombre primitivo detestaba el trabajo duro, y no tenía prisas a menos que se enfrentara a un grave peligro. El elemento tiempo propio de una labor, la idea de realizar una determinada tarea dentro de los límites de un cierto tiempo, es una noción enteramente moderna. Los antiguos nunca se apresuraban. La doble exigencia de la intensa lucha por la existencia y los niveles de vida, continuamente en avance, fue la que impulsó a estas razas, naturalmente inactivas, por los senderos de la laboriosidad.

(773.6)69:2.5 El trabajo, las iniciativas planificadas, distingue al hombre de los animales, cuyos actos son en gran parte instintivos. La necesidad de trabajar es la principal bendición del hombre. Toda la comitiva del príncipe trabajó; hizo mucho por ennoblecer las labores físicas en Urantia. Adán fue horticultor; el Dios de los hebreos laboró —fue el creador y sostenedor de todo—. Los hebreos fueron la primera tribu que primó supremamente la laboriosidad; fue el primer pueblo en decretar que "si alguno no quiere trabajar, tampoco coma"[17]. Pero muchas de las religiones del mundo volvieron al temprano ideal de la ociosidad. Júpiter era aficionado a la diversión y Buda se convirtió en un devoto reflexivo del ocio.

(773.7) 69:2.6 Las tribus sangiks eran bastante trabajadoras cuando residían lejos de los trópicos. Si bien, hubo una muy dilatada lucha entre los perezosos devotos de la magia y los apóstoles del trabajo —aquellos que ejercitaban la previsión—.

(773.8)69:2.7 El primer acto de previsión del ser humano fue la conservación del fuego, del agua y de la comida. Pero el hombre primitivo era un jugador nato; siempre quería obtener algo a cambio de nada, y, muy a menudo, durante estos tempranos tiempos, los logros conseguidos gracias al ejercicio de la paciencia se atribuían a los encantamientos. La magia tardaría en dar paso a la previsión, a la abnegación y a la laboriosidad.

# 3. ESPECIALIZACIÓN DEL TRABAJO

(773.9)69:3.1 En la sociedad primitiva, la división del trabajo se determinaba primero por las circunstancias naturales y, después, por las sociales. El primer tipo de especialización laboral fue:

(774.1)69:3.2 1. *Especialización basada en el sexo*. La labor de la mujer se deriva de de la presencia puntual de los hijos; las mujeres, por naturaleza, aman a los recién nacidos más que los hombres. Por ello, la mujer se convirtió en trabajadora habitual, mientras que el hombre se hizo cazador y luchador, disfrutando de marcados períodos de trabajo y descanso.

(774.2)69:3.3 A través de los tiempos, los tabúes sirvieron para mantener a la mujer rigurosamente en su propio sector laboral. El hombre, de forma bastante interesada, escogió el trabajo más agradable, dejando para la mujer el trabajo penoso y rutinario. El hombre siempre se ha avergonzado de hacer las tareas de la mujer, pero la mujer nunca ha mostrado reticencias en hacer las del hombre. Si bien, resulta extraño dejar constancia de que ambos siempre hayan trabajado juntos en la construcción y el equipamiento del hogar.

(774.3)69:3.4 2. *Modificación derivada de la edad y de las enfermedades*. Estas diferencias determinaron la siguiente división del trabajo. Pronto se puso a trabajar a los ancianos y a los lisiados fabricando herramientas y armas. Después se les asignó a la construcción de obras de riego.

(774.4)69:3.5 3. *Diferenciación basada en la religión*. Los curanderos fueron los primeros seres humanos en quedar exentos del duro trabajo físico; fueron los precursores de las clases profesionales. Los herreros formaban un reducido grupo que competía en calidad de magos con los curanderos. Su pericia en el trabajo con los metales hizo que la gente les temiera. Los llamados "herreros blancos" y los "herreros negros"[18] dieron origen a las tempranas creencias sobre la magia blanca y la magia negra. Y estas creencias se relacionarían después con la superstición de los fantasmas buenos y malos, esto es, de los espíritus buenos y malos.

(774.5)69:3.6 Los herreros protagonizaron el primer grupo no religioso en disfrutar de privilegios especiales. Se les consideraba neutrales durante las guerras, y este tiempo libre sobrante les llevó a convertirse, como clase, en los políticos de la sociedad primitiva. Sin embargo, a causa de las graves violaciones de sus privilegios, los herreros llegaron a ser odiados en todas partes; los curanderos, no perdieron tiempo en propiciar el odio hacia sus rivales. En esta primera disputa entre ciencia y religión, fue la religión (la superstición) la ganadora. Tras haber sido expulsados de las aldeas, los herreros establecieron las primeras posadas, o albergues públicos, en las periferias de los poblados.

(774.6)69:3.7 4. *Amos y esclavos*. La siguiente diferenciación del trabajo surgió a partir de la relación de los conquistadores hacia los conquistados, algo que marcó el principio de la esclavitud humana.

(774.7)69:3.8 5. *Diferenciación basada en las distintas dotes físicas y mentales*. Otras divisiones del trabajo se vieron favorecidas por las intrínsecas diferencias entre los hombres; no todos los seres humanos nacen iguales.

(774.8)69:3.9 En el ámbito laboral, los primeros especialistas fueron los tallistas de pedernal y los canteros; a continuación vinieron los herreros. Más tarde, se desarrolló una especialización grupal; familias y clanes enteros se dedicaron a ciertos tipos de trabajo. El origen de una de las primeras castas de sacerdotes, aparte de los curanderos tribales, se debió al enaltecimiento supersticioso de una familia de expertos fabricantes de espadas.

(774.9)69:3.10 El primer grupo de especialistas en el sector laboral fueron los exportadores de sal gema y los alfareros. Las mujeres trabajaron la alfarería sencilla y, los hombres, la lujosa. En algunas tribus eran las mujeres las que trabajaban la costura y la tejeduría y la costura; en otras, eran los hombres.

(774.10)69:3.11 Las mujeres fueron las primeras en dedicarse al trueque; se las empleó como espías, llevando a cabo el intercambio de bienes como algo secundario. El trueque se extendió enseguida; las mujeres actuaban de intermediarias —distribuidoras—. Entonces llegó la clase mercantil, que cobraba una comisión, unas ganancias, por sus servicios. El crecimiento del trueque en grupo se convirtió en el comercio; y tras el intercambio de productos básicos vino el intercambio de mano de obra cualificada.

## 4. INICIOS DEL COMERCIO

(775.1)69:4.1 Al igual que el matrimonio por contrato siguió al matrimonio por captura, el comercio mediante trueque siguió a la incautación por redadas. Pero hubo un prolongado período intermedio de piratería entre los tempranos trueques silenciosos[19] y el posterior comercio por métodos modernos de intercambio.

(775.2)69:4.2  El primer trueque se llevó a cabo de manos de comerciantes armados que dejaban sus mercancías en un lugar neutral. Las mujeres se ocupaban de los primitivos mercados; fueron las primeras comerciantes, algo que se debía al hecho de que eran ellas quienes portaban las cargas; los hombres eran guerreros. Muy pronto apareció el mostrador de intercambios, esto es, un muro lo suficientemente ancho como para evitar que los comerciantes se alcanzasen unos a otros con sus armas.

(775.3)69:4.3  A objeto de estar de guardia sobre los depósitos de mercancías y facilitar el trueque silencioso, se utilizó un fetiche. Estos mercados eran seguros contra el robo; nada se podía retirar de allí excepto por trueque o compra; con un fetiche de guardia, los bienes estaban siempre protegidos. Los primeros comerciantes eran siempre escrupulosamente honrados dentro de sus propias tribus, pero creían que era lícito engañar a desconocidos que venían desde lugares distantes. Incluso los hebreos primitivos disponían de otro código de ética para hacer tratos con los gentiles.

(775.4)69:4.4  El trueque silencioso continuó durante mucho tiempo antes de que los hombres se reuniesen, desarmados, en las sagrada plaza del mercado. Estas mismas plazas se convirtieron en los primeros lugares seguros y, en algunos países, se conocieron posteriormente como "ciudades de refugio"[20]. Todo fugitivo que llegara a la plaza del mercado estaba a salvo y protegido de ataques.

(775.5)69:4.5  Los granos de trigo y de otros cereales se utilizaron como primeros pesos[21]. El primer medio de intercambio fue un pescado o una cabra[22]. Más tarde, la vaca se convertiría en una unidad de trueque[23].

(775.6)69:4.6 La escritura moderna tuvo su origen en las primeras anotaciones comerciales; el primer texto escrito del hombre fue un documento de promoción comercial, una publicidad de la sal. Muchas de las tempranas guerras se libraron por la posesión de depósitos naturales, tales como los de pedernal, sal y metales. El primer tratado formal tuvo que ver con la explotación intertribal de un yacimiento de sal. Acudir a esos lugares para concertar los acuerdos brindó, a las distintas tribus, la oportunidad de intercambiar ideas y entremezclarse de modo amistoso y pacífico.

(775.7)69:4.7 La escritura se desarrolló desde los estadios del "palo mensajero"[24], cuerdas anudadas, pictografías, jeroglíficos y cinturones de cuentas de concha, hasta los tempranos alfabetos simbólicos. El envío de mensajes ha evolucionado desde las primitivas señales de humo hasta los portados por corredores, jinetes, ferrocarriles y aviones, al igual que los que llegan a través del telégrafo, del teléfono y de las comunicaciones inalámbricas.

(775.8)69:4.8 Los antiguos comerciantes llevaron nuevas ideas y métodos mejores a todo el mundo habitado. El comercio, que estaba ligado a la aventura, condujo a la exploración y al descubrimiento. Y todo esto dio nacimiento al transporte. El comercio ha sido el gran civilizador al favorecer el mutuo enriquecimiento cultural.

# 5. COMIENZOS DEL CAPITAL

(775.9)69:5.1 El capital es un trabajo empleado como renuncia del presente en favor del futuro. Los ahorros representan una forma de seguro para la manutención y la supervivencia. El acaparamiento de la comida hizo que se desarrollase el autocontrol y creó los primeros problemas del capital y del trabajo. El hombre que tenía comida, siempre que pudiese protegerla de los ladrones, disponía de una ventaja clara sobre el que no la tenía.

(775.10)69:5.2 Los primeros banqueros eran los hombres más valiosos de la tribu. Tenían en depósito las riquezas del grupo, de modo que el clan entero defendía su choza en caso de ataque. De esta manera, la acumulación del capital individual y la riqueza colectiva llevaron de inmediato a la organización militar. Al principio, estas medidas de precaución estaban destinadas a defender la propiedad contra los saqueadores extranjeros, pero más tarde se convirtió en costumbre mantener esta formación militar bien ejercitada atacando la propiedad y los bienes de las tribus vecinas.

(776.1)69:5.3 Hay algunos motivos esenciales que instaron a la acumulación del capital:

(776.2)69:5.4 1. *El hambre —relacionada con la previsión—*. El ahorro y la conservación de la comida significó poder y bienestar para aquellos que poseían la adecuada *previsión* para prepararse así en vista a las necesidades futuras. El almacenamiento de la comida era suficiente seguro contra las hambrunas y las catástrofes. Todo el conjunto de costumbres primitivas estaba en realidad concebido para ayudar al hombre a supeditar el presente al futuro.

(776.3)69:5.5 2. *El amor a la familia* — el deseo de atender sus carencias—. El capital representa el ahorro de bienes pese a la presión de las carencias del presente, con el fin de asegurarse contra las exigencias del futuro. Una parte de esta necesidad futura puede tener que ver con las propias generaciones futuras.

(776.4)69:5.6 3. *La vanidad* —el deseo de mostrar la acumulación de las propias pertenencias—. Tener ropa de sobras fue uno de los distintivos de diferenciación. La ostentación apeló pronto al orgullo del hombre.

(776.5)69:5.7 4. *La posición social* —el afán de ganar prestigio social y político—. Pronto surgió una nobleza comprada, la admisión a la cual dependía del desempeño de algún servicio especial a la realeza o se concedía simplemente a cambio de dinero.

(776.6)69:5.8 5. *El poder* —el afán de ser los amos—. Prestar riquezas se vio como medio de esclavizar al ser la tasa del préstamo en esos tiempos ancestrales de un cien por cien anual. Los prestamistas se erigían a sí mismos reyes mediante la creación de un ejército permanente de deudores. Los siervos esclavizados eran las primeras formas de bienes que se acumulaban y, en tiempos antiguos, la esclavitud por deudas se amplió incluso hasta el control del cuerpo después de la muerte.

(776.7)69:5.9 6. *El temor a los espíritus de los muertos* —las tasas pagadas a los sacerdotes por protección—. El hombre comenzó pronto a hacer regalos a los sacerdotes con vistas a que se utilizase su patrimonio para facilitar su progreso en la próxima vida. De este modo, los sacerdocios se volvieron muy ricos; fueron los más importantes de los capitalistas antiguos.

(776.8)69:5.10 7. *El impulso sexual* —el deseo de comprar una o más esposas—. La primera forma de comercio del hombre fue el intercambio de mujeres, que precedió durante mucho tiempo al de los caballos. Pero el trueque de esclavas del sexo nunca hizo que avanzara la sociedad; esta trata fue, y sigue siendo, una desgracia racial, pues, a la vez, obstaculizó el desarrollo de la vida familiar y contaminó la aptitud biológica de los pueblos mejor dotados.

(776.9)69:5.11  8. *Las formas numerosas de autogratificación.* Algunos procuraron riquezas porque les otorgaban poder; otros pugnaron por las propiedades porque significaban bienestar. El hombre primitivo (y algunos otros en días posteriores) tenía tendencia a despilfarrar sus recursos en lujos. Las bebidas embriagantes y las drogas fascinaban a las razas primitivas.

(776.10)69:5.12  A medida que la civilización se desarrollaba, el hombre adquiría nuevos alicientes para ahorrar; rápidamente se agregaron nuevas necesidades a la temprana hambre de comida. Se llegó a detestar tanto la pobreza que se pensaba que solo los ricos iban directamente al cielo cuando morían. Se llegó a valorar de tal manera la propiedad que quien diese un ostentoso banquete podría borrar la deshonra de su reputación.

(777.1)69:5.13  Acaudalar riquezas pronto se convirtió en una insignia de distinción social. Los integrantes de algunas tribus acumulaban bienes durante años únicamente para causar impresión al quemarlas en algún día festivo o repartirlas de forma gratuita entre los miembros de su tribu. Esto los convertía en grandes hombres. Incluso los pueblos actuales se deleitan repartiendo generosamente regalos en Navidad, en tanto que los ricos dotan de fondos a grandes instituciones filantrópicas y de aprendizaje. Los modos del hombre varían, pero su temperamento permanece bastante inalterado.

(777.2)69:5.14  No obstante, es justo indicar que muchos ricos de la antigüedad repartían gran parte de su fortuna por temor a morir a manos de quienes la codiciaban. Las personas acaudaladas habitualmente sacrificaban a docenas de esclavos para demostrar su desdén por las riquezas.

(777.3)69:5.15  Aunque el capital ha contribuido a liberar al hombre, también ha complicado enormemente su organización social e industrial. El uso abusivo del capital por capitalistas deshonestos no desdice el hecho de que este sea la base de la sociedad industrial moderna. Por medio del capital y de la invención, la generación de hoy en día disfruta de un grado de libertad superior al que haya existido con anterioridad en la tierra. Esto lo hacemos constar como una realidad y no para justificar los muchos usos indebidos del capital por parte de depositarios desconsiderados y egoístas.

# 6. EL FUEGO EN RELACIÓN A LA CIVILIZACIÓN

(777.4)69:6.1 La sociedad primitiva con sus cuatro divisiones —laboral, de regulación[25], religiosa y militar— surgió de la contribución realizada por el fuego, los animales, los esclavos y la propiedad.

(777.5)69:6.2 Por sí mismo, el hecho de encender el fuego separó para siempre al hombre del animal; fue un invento o un descubrimiento humano capital. Al temerlo todos los animales, el fuego permitió al hombre permanecer en el suelo por la noche. Al anochecer, alentó el trato social; y no solo protegía del frío y de las fieras, sino que también se empleaba como salvaguarda contra los espíritus. Al principio se usó más para alumbrar que para calentar; muchas tribus atrasadas se niegan a dormir a menos que haya una llama ardiendo toda la noche.

(777.6)69:6.3 El fuego fue un gran civilizador: proporcionó al hombre la primera forma de ser altruista sin pérdida alguna al permitirle ofrecer a los vecinos brasas sin ninguna merma para él. El fuego hogareño, que la madre o la hija mayor cuidaban, fue el primer elemento educativo, pues requería vigilancia y fiabilidad. El hogar primitivo no era una construcción; la familia se reunía alrededor de la fogata, u hoguera familiar. Cuando un hijo fundaba un nuevo hogar, se llevaba una tea de esta hoguera.

(777.7)69:6.4 Aunque Andón, el descubridor del fuego, no lo veía como objeto de adoración, muchos de sus descendientes llegaron a percibir la llama como un fetiche[26] o espíritu. No pudieron extraer los beneficios sanitarios del fuego porque se negaron a quemar los desechos. El hombre primitivo tenía miedo del fuego y siempre procuró mantenerlo bien humorado, de ahí que se esparciera incienso[27]. Los antiguos, bajo ninguna circunstancia, escupían en el fuego, como tampoco pasaban entre una persona y el fuego ardiente. Los primeros seres humanos consideraban sagrados incluso las piritas de hierro y los pedernales usados para encender el fuego.

(777.8)69:6.5 Era pecado extinguir una llama; si una choza se incendiaba, se dejaba que ardiese. Los fuegos de los templos y de los santuarios eran sagrados[28], y nunca se permitía que se apagaran, solo que era costumbre encender nuevas llamas anualmente o después de alguna calamidad. Se seleccionaba a las mujeres como sacerdotisas porque eran ellas las que custodiaban los fuegos caseros.

(778.1)69:6.6 Los primeros mitos acerca de cómo el fuego había descendido de los dioses[29] surgieron a partir de la observación de los incendios a causa de los rayos. Estas ideas sobre su origen sobrenatural resultó directamente en la adoración del fuego, y la adoración del fuego condujo a su vez a la costumbre de "pasar por el fuego"[30], una práctica que se llevó a cabo hasta los tiempos de Moisés. Y todavía persiste la idea de que se pasa por el fuego tras la muerte. El mito del fuego fue un gran nexo de unión en los tiempos primitivos y aún perdura en el simbolismo de los parsis[31].

(778.2)69:6.7 El fuego llevó al proceso de cocinar los alimentos, y el concepto "consumidores de lo crudo" se convirtió en una expresión de sorna. Y el cocinado de los alimentos disminuyó el gasto de la energía vital necesaria para la digestión de la comida e hizo al hombre primitivo contar con algo de fuerzas para la cultura social, al mismo tiempo que la cría de animales, al reducir el esfuerzo necesario para conseguir la comida, le daba tiempo para las actividades sociales.

(778.3)69:6.8 Es preciso recordar que el fuego abrió las puertas de la metalistería y condujo al posterior descubrimiento de la energía del vapor y a la utilización actual de la electricidad.

# 7. UTILIZACIÓN DE LOS ANIMALES

(778.4)69:7.1 En un principio, todo el reino animal era enemigo del hombre; los seres humanos tuvieron que aprender a protegerse de las fieras. Al comienzo, el hombre se comía a los animales pero, después, aprendió a domesticarlos y a ponerlos a su servicio.

(778.5)69:7.2 La domesticación de los animales ocurrió de forma accidental. El hombre salvaje cazaba las manadas de forma muy similar a como los indios norteamericanos cazaban al bisonte; rodeaban a la manada para poder tenerlos bajo control y matarlos, por tanto, según su necesidad de comida. Luego, se construyeron los corrales y se capturaban manadas enteras.

(778.6)69:7.3 Era fácil domar a algunos animales, pero, al igual que el elefante, muchos de ellos no se reproducían en cautividad. Algo más tarde, se descubrió que ciertas especies de animales se sometían a la presencia del hombre y se reproducían en cautividad. Se impulsó pues la domesticación de los animales mediante la cría selectiva, un arte que hizo grandes avances desde los días de Dalamatia.

(778.7)69:7.4 El perro fue el primer animal en domesticarse, y esta difícil tarea comenzó cuando un cierto perro, tras haber seguido durante todo el día a un cazador, fue de hecho a su casa con él. Por mucho tiempo, se utilizaron a los perros como comida, caza, transporte y compañía. Al principio, los perros solamente aullaban, pero más tarde aprendieron a ladrar. Su agudo sentido del olfato llevó a la idea de que podían ver espíritus, y surgieron de este modo los cultos de los perros fetiche. El uso de perros guardianes hizo posible, por primera vez, que todo el clan pudiera dormir por la noche. Luego se convirtió en costumbre usar a los perros guardianes para proteger el hogar contra los espíritus a la vez que contra los enemigos carnales. Cuando un perro ladraba, se entendía que alguna persona o fiera se estaba acercando, pero, cuando aullaba, eran los espíritus los que estaban cerca. Todavía se cree hoy en día que el aullido de un perro por la noche es augurio de muerte.

(778.8)69:7.5 Mientras fue cazador, el hombre era bastante afable con la mujer, pero tras la domesticación de los animales, a la que se sumó la confusión originada por Caligastia, muchas tribus trataban a sus mujeres de forma ignominiosa; las trataban tan mal como a sus animales. El trato brutal que el hombre infligía a la mujer constituye uno de los capítulos más oscuros de la historia de la humanidad.

# 8. LA ESCLAVITUD COMO FACTOR INFLUYENTE EN LA CIVILIZACIÓN

(778.9)69:8.1 El hombre primitivo jamás vaciló en esclavizar a sus semejantes. La mujer fue la primera esclava, una esclava familiar. El hombre pastoril esclavizaba a su mujer, a la que consideraba inferior y utilizaba como pareja sexual. Esta clase de esclavitud sexual surgió directamente del hecho del menor grado de dependencia que tenía el hombre hacia la mujer.

(779.1)69:8.2 No hace mucho tiempo, la esclavitud era la suerte que corrían los prisioneros de guerra que se negaban a aceptar la religión del conquistador. En otros tiempos, a los prisioneros, se les comía, se les torturaba hasta la muerte, se les hacía luchar entre sí, se les sacrificaba a los espíritus o se les esclavizaba. La esclavitud fue un gran avance respecto a la masacre y al canibalismo.

(779.2)69:8.3 La esclavitud significó un paso adelante respecto a la clemencia en el trato a los prisioneros de guerra. La emboscada de Hai[32], con la matanza masiva de hombres, mujeres y niños, de la que solo se salvó el rey para satisfacer la vanidad del vencedor, es una imagen fiel de las salvajes masacres que incluso los pueblos supuestamente civilizados llevaban a cabo. El ataque fulgurante a Og[33], rey de Basan, fue igual de brutal y efectivo. Los hebreos "destruyeron por completo"[34] a sus enemigos y se apoderaban, como botín, de todos sus bienes. Imponían un tributo a todas las ciudades bajo pena de "matar a todos los varones"[35]. Pero muchas de las tribus coetáneas, que tenían menos egoísmo tribal, habían empezado a practicar, desde hacía mucho tiempo, la adopción de los cautivos mejor dotados.

(779.3)69:8.4 Los cazadores, tal como los hombres rojos americanos, no esclavizaban a sus cautivos; o los adoptaban o los mataban. Entre los pueblos pastoriles, la esclavitud no era común, porque precisaban poca mano de obra. En la guerra, los pastores tenían como costumbre matar a todos los cautivos varones y tomar como esclavos solo a las mujeres y a los niños. El código mosaico contenía instrucciones específicas para convertir a estas mujeres en esposas[36]. Se podían apartar a aquellas que no resultasen satisfactorias, pero no se permitía a los hebreos vender como esclavas a estas consortes rechazadas[37] —algo que representaba un avance para la civilización—. Aunque las normas sociales de los hebreos eran rudimentarias, sí estaban muy por encima de las tribus de los alrededores.

(779.4)69:8.5 Los pastores fueron los primeros capitalistas; sus rebaños representaban su capital y vivían de los intereses —del natural incremento de estos—. Y eran reacios a confiar esta riqueza al cuidado de los esclavos o a de las mujeres. Pero más tarde, hicieron prisioneros a varones y los forzaron a cultivar el suelo. Este es el temprano origen de la servidumbre —el hombre apegado a la tierra—. Se podía enseñar fácilmente a los africanos a labrar la tierra; de ahí que se convirtieran en una relevante raza de esclavos.

(779.5)69:8.6 La esclavitud significó un eslabón imprescindible en la cadena de la civilización humana. Fue el puente por el que la sociedad pasó del caos y la indolencia al orden y a la actividad civilizada; obligó a los pueblos atrasados y perezosos a trabajar y a proporcionar con ello la riqueza y el ocio necesarios para el avance social de aquellos mejor dotados.

(779.6)69:8.7 La institución de la esclavitud forzó al hombre a inventar el mecanismo regulador de la sociedad primitiva; dio origen a los comienzos del gobierno. La esclavitud exige estricta regulación y, durante la Edad Media en Europa, desapareció prácticamente porque los señores feudales no podían controlar a los esclavos. Las tribus atrasadas de tiempos ancestrales, al igual que los aborígenes australianos de hoy en día, nunca tuvieron esclavos.

(779.7)69:8.8 Cierto, la esclavitud fue opresiva, pero fue en un entorno de opresión donde el hombre aprendió a ser laborioso. Los esclavos acabaron por compartir las ventajas de una sociedad superior que con tan poca voluntariedad habían ayudado a crear. La esclavitud da origen a un sistema del logro social y cultural, pero pronto ataca de forma insidiosa a la sociedad internamente como el más grave y destructivo de todos los males sociales.

(779.8)69:8.9 Los inventos mecánicos modernos hicieron que los esclavos dejaran de tener utilidad. La esclavitud, como la poligamia, está desapareciendo porque no es rentable. Pero siempre resultó pernicioso liberar de repente a grandes cantidades de esclavos; se producen menos problemas cuando se les da la libertad de forma gradual.

(780.1)69:8.10 Hoy día, los hombres no son esclavos sociales, pero hay miles que permiten que la ambición les esclavice a las deudas. La esclavitud involuntaria ha dado paso a la servidumbre laboral, a una nueva y enmendada forma de esclavitud.

(780.2) 69:8.11 Aunque el ideal de la sociedad es la libertad universal, nunca se ha de tolerar la ociosidad. Se debería obligar a toda persona capacitada físicamente a realizar al menos alguna cantidad de trabajo para poder sustentarse a sí misma.

(780.3)69:8.12 La sociedad moderna está dando marcha atrás. La esclavitud casi ha desaparecido; el empleo de los animales domésticos se está perdiendo. La civilización está volviendo al fuego —el mundo inorgánico— en busca de energía. El hombre salió de la barbarie mediante el fuego, los animales y la esclavitud; hoy se remonta al pasado, descartando la ayuda de los esclavos y la asistencia de los animales, mientras procura arrebatar nuevos secretos y fuentes de riqueza y energía a los recursos naturales básicos.

# 9. LA PROPIEDAD PRIVADA

(780.4)69:9.1 Aunque la sociedad primitiva era prácticamente comunal, el hombre primitivo no seguía los principios del comunismo moderno. El comunismo de esos tempranos tiempos no era una mera teoría o doctrina social, sino una sencilla y práctica adaptación que ocurría de forma natural. El comunismo impidió el pauperismo y las privaciones; la mendicidad y la prostitución eran algo casi desconocido entre estas tribus ancestrales.

(780.5)69:9.2 El comunismo primitivo no hizo particularmente iguales a los hombres ni enalteció al hombre ordinario, pero sí primó la inactividad y la pereza, puso freno a la laboriosidad y destruyó las aspiraciones. La promoción del comunismo fue el indispensable andamiaje para el desarrollo de la sociedad primitiva, aunque dio paso a la evolución de un orden social superior porque iba en contra de cuatro intensas inclinaciones humanas:

(780.6)69:9.3  1. *La familia.* El hombre no solo anhela acumular patrimonio, sino que desea legar a su progenie los bienes generados. Pero, en la primera sociedad comunal, el capital de un hombre se usaba de inmediato o se repartía en el grupo a su muerte. No existía la herencia de la propiedad —el impuesto sucesorio era del cien por cien—. Las costumbres que llegaron después respecto a la acumulación de capital y a la herencia de la propiedad fueron un manifiesto avance social. Y esto es cierto a pesar de los graves abusos que se dieron más adelante por el uso indebido del capital.

(780.7)69:9.4  2. *Las tendencias religiosas.* El hombre primitivo también quería conservar su patrimonio como premisa para empezar la vida en la próxima existencia. Esto explica por qué persistió durante tanto tiempo la costumbre de enterrar al difunto con sus pertenencias personales. Los antiguos creían que solo los ricos sobrevivían a la muerte con algún tipo de disfrute y dignidad inmediatos. Los maestros de la religión revelada, más específicamente los maestros cristianos, fueron los primeros en dar a conocer que los pobres pueden salvarse en igualdad de condiciones que los ricos.

(780.8)69:9.5  3. *El deseo de libertad y de ocio.* En los primeros días de la evolución social, la repartición en el grupo de los ingresos individuales era prácticamente una forma de esclavitud; el trabajador se convirtió en esclavo del holgazán. En ello radicaba la flaqueza autodestructiva del comunismo: el impróvido vivía habitualmente del ahorrador. Incluso en tiempos modernos, la persona imprevisora depende del estado (de los contribuyentes ahorradores) para que cuide de ellos. Los que no poseen capital todavía esperan su sustento de los que sí lo tienen.

(780.9)69:9.6 4. *El ansia de seguridad y poder*. El comunismo acabó por desaparecer por las astutas prácticas de personas avanzadas y prósperas que recurrieron a distintos subterfugios para tratar de escapar de la esclavitud de los ociosos y holgazanes de sus tribus. Pero, al principio, cualquier acaparamiento de bienes era clandestino; la inseguridad de esos tiempos primitivos evitaba la acumulación ostentosa de capital. E incluso más tarde resultaba bastante peligroso amasar un exceso de riqueza; el rey se aseguraría de inventar alguna acusación para confiscar los bienes del rico, y, cuando algún hombre acaudalado fallecía, se retrasaba el funeral hasta que la familia donase una cuantiosa suma para la asistencia pública o al rey, esto es, un impuesto sucesorio.

(781.1)69:9.7 En tiempos remotos, las mujeres eran propiedad de la comunidad, y la madre tenía el papel dominante en la familia. Los primeros jefes eran los dueños de todas las tierras y los propietarios de todas las mujeres; contraer matrimonio requería el consentimiento del dirigente de la tribu. Con la desaparición del comunismo, las mujeres se convirtieron en posesión individual, y el padre, de forma gradual, fue asumiendo la dirección de la familia. Así fue como comenzó el hogar, y las costumbres polígamas imperantes se sustituyeron paulatinamente por la monogamia. (La poligamia es la supervivencia del componente de esclavitud femenina que existía en el matrimonio. La monogamia es el ideal, sin esclavitud, de la inigualable unión de un hombre y una mujer en la hermosa aventura de formar un hogar, criar a los hijos, culturizarse mutuamente y mejorar personalmente.)

(781.2)69:9.8En un principio, cualquier patrimonio, incluidas las herramientas y las armas, era posesión común de la tribu. Al comienzo, la propiedad privada consistía en todas las cosas que se tocasen personalmente. Si un extraño bebía en una taza, esta, a partir de ese momento, era suya. Luego, cualquier lugar en el que se derramase sangre se convertía en la propiedad de la persona o del grupo herido.

(781.3)69:9.9 Inicialmente se respetaba así la propiedad privada porque se pensaba que estaba impregnada de alguna parte de la persona de su propietario. La honradez respecto a la propiedad se mantuvo a salvo gracias a este tipo de superstición; no se necesitaba ningún agente de la autoridad que protegiera las pertenencias personales. No existía el robo en el grupo, aunque los hombres no dudaban en apropiarse de los bienes de otras tribus. El vínculo con las propiedades no acababa con la muerte; al principio, se quemaban todos los objetos personales, luego se enterraban con el difunto y, más tarde, los heredaba la familia superviviente o la tribu.

(781.4)69:9.10 Las objetos personales de tipo ornamental se originaron con el uso de los amuletos. La vanidad, sumado al miedo a los espíritus, llevó al hombre primitivo a resistirse a cualquier intento por liberarle de sus amuletos preferidos; se valoraban estas posesiones por encima de las cosas necesarias.

(781.5)69:9.11El espacio para dormir fue una de las tempranas posesiones del hombre. Más tarde, los jefes de las tribus asignaban los lugares de emplazamientos; ellos eran los depositarios de todos los bienes inmuebles del grupo. Al poco tiempo, el lugar donde se emplazaba la hoguera confería propiedad; y, más adelante, un pozo otorgaba la titularidad del terreno contiguo[38].

(781.6)69:9.12 Las charcas y los pozos se contaban entre las primeras posesiones privadas. Se utilizó todo tipo de prácticas fetichistas para custodiar charcas, pozos, árboles, cosechas y miel. Al perderse la fe en los fetiches, las leyes evolucionaron para proteger las pertenencias privadas. Pero las leyes de la caza, el derecho a cazar, precedieron con mucha anterioridad a las leyes del suelo. El hombre rojo americano nunca entendió la idea de la propiedad privada del suelo; jamás pudo comprender el punto de vista del hombre blanco.

(781.7)69:9.13 Pronto se marcó la propiedad privada con la insignia de la familia, y este es el origen primitivo de los blasones familiares. Los bienes inmuebles también se ponían bajo la vigilancia y el cuidado de los espíritus. Los sacerdotes "consagraban" parcelas de suelo, que luego quedaban bajo la protección de los tabúes mágicos[39] que se erigirían sobre estas. Se decía que los propietarios de los mismos tenían "titularidad sacerdotal"[40]. Los hebreos tenían un gran respeto por estos hitos familiares: "Maldito el que desplace el límite de su vecino"[41]. Estas señales de piedra portaban las iniciales del sacerdote. Incluso los árboles, cuando llevaban iniciales, se convertían en propiedad privada.

(782.1)69:9.14 En los tiempos primitivos, solo las cosechas eran privadas, pero la sucesión de cultivos confería la titularidad de las tierras; la agricultura fue pues el origen de la propiedad privada del suelo. En un principio, solo se concedía a las personas una tenencia vitalicia; al morir estas, las tierras retornaban a la tribu. Las primeras titularidades sobre el suelo que las tribus concedieron fueron las tumbas —el cementerio familiar—. En tiempos posteriores, el suelo pertenecía a quienes lo cercara. Pero, en las ciudades, siempre se reservaban algunas tierras para pastizales públicos y casos de asedio; estos "bienes comunes" representan la supervivencia de la forma anterior de propiedad colectiva.

(782.2)69:9.15 Con el tiempo, el estado llegó a asignar la propiedad a las personas de manera individual, reservándose el derecho de tributación. Al haber conseguido la titularidad sobre los terrenos, los terratenientes podían recaudar alquileres, y el suelo se convirtió en fuente de ingresos —en capital—. Por último, el suelo se volvió en algo verdaderamente negociable, por lo que fue objeto de venta, traspasos, hipotecas y embargos hipotecarios.

(782.3)69:9.16 La propiedad privada trajo consigo mayor libertad y estabilidad; si bien, la propiedad privada del suelo recibió aprobación social solamente tras el fracaso del control y la dirección comunal, a lo que pronto siguió una sucesión de esclavos, siervos y clases sin tierras. No obstante, el perfeccionamiento de las máquinas está paulatinamente liberando al hombre del penoso trabajo servil.

(782.4)69:9.17 El derecho a la propiedad no es absoluto; es puramente social. Pero cualquier gobierno, ley, orden, derecho civil, libertad social, convención, paz y felicidad, disfrute de los pueblos modernos, se ha desarrollado en torno a la posesión privada de propiedades.

(782.5)69:9.18 El actual orden social no es necesariamente justo — ni divino ni sagrado— pero la humanidad haría bien en avanzar despacio al realizar cambios. El sistema social del que disponéis es inmensamente mejor que cualquiera de los que vuestros ancestros conocieron. Cercioraos de que cuando transforméis el orden social lo hagáis para mejor. No os sintáis persuadidos a experimentar con métodos que vuestros antecesores desestimaron. ¡Marchad adelante y no para atrás! ¡Que la evolución prosiga su curso! ¡No retrocedáis ni un solo paso!

(782.6)69:9.19 [Exposición de un melquisedec de Nebadón.]

# ESCRITO 70: EVOLUCIÓN DEL GOBIERNO HUMANO

(783.1)70:0.1 En cuanto el hombre solucionó parcialmente el problema de ganarse el sustento, se enfrentó a la tarea de regular las relaciones humanas. El desarrollo de la actividad laboral exigía leyes, orden y adaptación social; la propiedad privada requería gobierno.

(783.2)70:0.2 En un mundo evolutivo, los antagonismos son naturales; la paz se alcanza únicamente por medio de algún tipo de sistema regulatorio social. La regulación social es inseparable de la organización social; la asociación entraña alguna autoridad regidora. El gobierno impulsa la coordinación de los antagonismos de las tribus, los clanes, las familias y los individuos.

(783.3)70:0.3 El gobierno es un desarrollo involuntario; evoluciona a base de ensayo y error. Tiene rasgos de continuidad; por ello se convierte en tradicional. La anarquía aumentaba la miseria; de ahí que lentamente surgió o está surgiendo el gobierno, un orden público relativo. Las exigencias coercitivas propias de la lucha por la existencia llevaron a la raza humana por el camino progresivo de la civilización.

## 1. GÉNESIS DE LA GUERRA

(783.4)70:1.1 La guerra es el estado y el legado natural del hombre evolutivo; la paz es el indicador social que mide el progreso de la civilización. Antes de la socialización parcial de las razas en el curso de su avance, el hombre era sumamente individualista, extremadamente receloso e increíblemente pendenciero. La violencia es la ley de la naturaleza; la hostilidad, la respuesta automática de los hijos de la naturaleza; mientras que la guerra no es sino esto mismo realizado de forma colectiva. Y donde y cuando quiera que el entramado de la civilización se tensione debido a las complicaciones del avance de la sociedad, siempre se produce un retorno inmediato y pernicioso a estos primitivos métodos de resolución violenta de la irritabilidad que se origina en las interrelaciones humanas.

(783.5)70:1.2     La guerra es una respuesta irracional ante desencuentros y sentimientos airados; la paz se presenta como la solución civilizada a todos estos problemas y dificultades. Las razas sangiks, junto con los posteriores y degradados adamitas y noditas, eran pueblos beligerantes. A los andonitas pronto se les enseñó la regla de oro e, incluso hoy día, sus descendientes esquimales viven en buena medida bajo ese código; entre ellos, las costumbres están bien arraigadas, y se encuentran bastante libres de antagonismos violentos.

(783.6)70:1.3     Andón enseñó a sus hijos a dirimir las disputas golpeando cada cual un árbol con un palo, mientras maldecían al árbol; el vencedor era aquel cuyo palo se rompía primero. Los posteriores andonitas solían resolver sus conflictos celebrando un acto público en el que los litigantes se mofaban unos de otros y se ridiculizaban mutuamente, en tanto que el público elegía al ganador con sus aplausos.

(783.7)70:1.4 Pero no podía darse un fenómeno como el de la guerra hasta que la sociedad no evolucionara lo suficiente como para realmente experimentar períodos de paz y admitir las prácticas bélicas. El mismo concepto de guerra supone un cierto grado de organización.

(784.1)70:1.5 Con la aparición de los grupos sociales, la irritabilidad individual comenzó a quedar inmersa en los sentimientos del grupo, y esto promovió la calma dentro de la tribu, aunque a expensas de la paz entre las distintas tribus. Por consiguiente, la paz se disfrutó primeramente dentro del grupo, o tribu, que siempre detestaba y odiaba al grupo de fuera, a los foráneos. El hombre primitivo consideraba una virtud derramar sangre extranjera.

(784.2)70:1.6 Si bien, en un principio, ni siquiera esto dio resultado. Cuando los primeros jefes intentaban resolver los desencuentros, a menudo creyeron necesario permitir las peleas de piedras tribales, al menos una vez al año. El clan se dividía en dos grupos y libraban una batalla durante todo el día, sin otra razón que por pura diversión; no cabe duda de que disfrutaban peleando.

(784.3)70:1.7  La guerra persiste porque el hombre es humano, evolucionó de un animal, y todos los animales son belicosos. Entre las tempranas causas de la guerra estaban las siguientes:

(784.4)70:1.8  1. *El hambre*, que dio lugar al saqueo de alimentos. La escasez de tierras siempre llevó a la guerra y, durante estas luchas, las tribus pacíficas primitivas fueron prácticamente exterminadas.

(784.5)70:1.9  2. *La escasez de mujeres*: El esfuerzo para mitigar la escasez de ayuda doméstica. El rapto de mujeres siempre ha sido causa de guerra.

(784.6)70:1.10  3. *La vanidad*: El deseo de demostrar valentía tribal. Los grupos más dotados peleaban para imponer su modo de vida a los pueblos menos dotados.

(784.7)70:1.11  4. *Los esclavos*: La necesidad de incorporaciones como mano de obra.

(784.8)70:1.12  5. *La venganza* era motivo de guerra cuando alguna tribu creía que otra tribu vecina había provocado la muerte de uno de los suyos. Se guardaba luto hasta que se traía una cabeza a la tribu. Las guerras de venganza estuvieron bien consideradas hasta tiempos relativamente modernos.

(784.9)70:1.13  6. *El esparcimiento*: Los jóvenes de estos tiempos primitivos veían la guerra como una forma de entretenimiento. Si no se producía ningún pretexto razonable y suficiente para la guerra, cuando la paz se convertía en algo opresivo, entre las tribus colindantes se acostumbraba a salir a combatir de forma semiamistosa; realizaban incursiones de carácter festivo y disfrutaban de una batalla simulada.

(784.10)70:1.14 7. *La religión*: El deseo de conseguir adeptos. Todas las religiones primitivas autorizaban la guerra. Solo en épocas recientes comenzó la religión a desaprobar la guerra. Desafortunadamente, el sacerdocio primitivo se aliaba por lo general con el poder militar. Una de las grandes iniciativas de los tiempos a favor de la paz ha sido el intento de separar la Iglesia del Estado.

(784.11)70:1.15 Estas tribus ancestrales siempre hacían la guerra cumpliendo el mandato de sus dioses, por orden de sus jefes o curanderos. Los hebreos creían en un "Dios de las batallas"[42]; y la narración de su redada a los madianitas[43] es el típico relato de la atroz crueldad de las antiguas guerras tribales; este ataque, con la masacre de todos los varones y más tarde la matanza de todos los niños varones y mujeres que no eran vírgenes[44], hubiese hecho honor a las costumbres de un cacique tribal de doscientos mil años antes. Y todo se llevó a cabo en el "nombre del Señor Dios de Israel"[45].

(784.12)70:1.16 Este es el relato de la evolución de la sociedad —consecuencia natural de los problemas de las razas—, del hombre forjando su propio destino en la tierra. La Deidad no instiga estas atrocidades, a pesar de la propensión del hombre a atribuir la responsabilidad a sus dioses.

(784.13)70:1.17 La clemencia de las fuerzas militares ha tardado en llegar a la humanidad. Incluso cuando una mujer, Débora, gobernaba a los hebreos, continuó la misma crueldad generalizada. Su general, cuando venció a los gentiles, hizo que "todo el ejército cayera a filo de espada, hasta no quedar ni uno"[46].

(785.1)70:1.18 En la historia de la raza humana muy pronto se hizo uso de armas envenenadas. Y se llevaban a cabo todo tipo de mutilaciones. Saúl no vaciló en exigir a David que le entregara cien prepucios filisteos como dote de su hija Mical[47].

(785.2)70:1.19 Las guerras primitivas se libraban entre tribus completas; pero, en tiempos posteriores, cuando dos integrantes de tribus diferentes tenían una disputa, en lugar de luchar las dos tribus, los dos contendientes se batían en duelo. También se convirtió en costumbre que dos ejércitos lo apostaran todo al resultado del combate entre representantes elegidos de cada lado, como en el caso de David y Goliat[48].

(785.3)70:1.20 La primera mejora de la guerra consistió en la toma de prisioneros. Tras ello, se eximió a las mujeres de las hostilidades y, más tarde, llegó el reconocimiento de los no combatientes. Rápidamente, para adecuarse a la creciente complejidad de los combates, se desarrollaron las castas militares y los ejércitos permanentes. A estos guerreros se les prohibió pronto que se relacionaran con mujeres, y hace tiempo que las mujeres dejaron de combatir, aunque siempre han alimentado y asistido a los soldados y los han instado a acudir a la batalla.

(785.4)70:1.21 La práctica de declarar la guerra representó un gran avance. Estas declaraciones sobre la intención de ir a combate significaban la llegada de un sentido de la justicia, y a esto siguió el paulatino desarrollo de las reglas de la guerra "civilizada". Muy pronto se convirtió en costumbre no luchar cerca de sitios religiosos y, más adelante, no hacerlo en ciertos días sagrados. A continuación vino el reconocimiento general del derecho de asilo; los fugitivos políticos recibirían protección.

(785.5)70:1.22 Así, progresivamente, evolucionó la guerra, desde la caza primitiva del hombre hasta el sistema algo más estructurado de las naciones "civilizadas" de épocas posteriores. Si bien, solo lentamente una actitud social de amistad sustituye a otra de enemistad.

# 2. VALOR SOCIAL DE LA GUERRA

(785.6)70:2.1 En tiempos pasados, una cruenta guerra instituía cambios sociales y facilitaba la adopción de nuevas ideas, algo que no hubiese ocurrido de forma natural en diez mil años. El terrible precio pagado por estas ciertas ventajas que se obtenían de la guerra fue que la sociedad se vio de nuevo arrojada, temporalmente, a la barbarie, renunciándose a la lógica de la civilización. La guerra es un poderoso remedio, muy costoso y de lo más peligroso; aunque cura a menudo algunos trastornos sociales, a veces mata al paciente, destruye la sociedad.

(785.7)70:2.2 La necesidad constante de la defensa nacional produce numerosos ajustes sociales nuevos y avanzados. Hoy día, la sociedad disfruta del beneficio de una larga lista de valiosas innovaciones que eran, en un principio, enteramente militares; a la guerra se le debe incluso la danza, una de cuyas primitivas formas era un ejercicio militar.

(785.8)70:2.3 La guerra ha sido de utilidad social para las civilizaciones anteriores debido a que:

(785.9)70:2.4 1. Imponía disciplina, forzaba a la cooperación.

(785.10)70:2.5 2. Primaba la fortaleza y el valor.

(785.11) 70:2.6 3. Fomentaba y consolidaba el nacionalismo.

(785.12) 70:2.7 4. Exterminaba a los pueblos débiles e inaptos.

(785.13) 70:2.8 5. Anulaba la ilusión de la igualdad primitiva y estratificaba a la sociedad de forma selectiva.

(785.14)70:2.9 La guerra ha tenido cierto valor evolutivo y selectivo, pero, como la esclavitud, deberá abandonarse algún día a medida que la civilización vaya lentamente progresando. Las guerras antiguas fomentaban los viajes y los intercambios culturales; estos objetivos se alcanzan ahora mejor mediante los métodos modernos de transporte y comunicación. Las guerras antiguas fortalecían a las naciones, pero las luchas modernas trastornan la cultura civilizada. Las guerras ancestrales daban lugar a la aniquilación de los pueblos peor dotados; el resultado final de los conflictos modernos es la destrucción selectiva de los mejores linajes humanos. Las guerras primitivas favorecían la organización y la eficiencia, pero estos elementos se han convertido ahora en la meta de la industria moderna. En tiempos pasados, la guerra era un fermento social que daba impulso a la civilización; este efecto se consigue ahora mejor mediante las aspiraciones y la invención. Las guerras ancestrales apoyaban la idea de un Dios de las batallas, pero al hombre moderno se le ha dicho que Dios es amor[49]. La guerra ha servido para lograr muchos fines valiosos en el pasado; ha sido un andamiaje imprescindible en la edificación de la civilización, pero está llegando rápidamente a la insolvencia cultural —incapaz de producir réditos en términos de beneficio social, de alguna forma acordes con las terribles pérdidas que le acompañan cuando se le invoca—.

(786.1)70:2.10 Hubo un tiempo en el que los médicos creían que la sangría era la cura para muchas enfermedades; pero, desde entonces, han descubierto mejores remedios para la mayor parte de estas afecciones. Y, por ello, el derramamiento de sangre internacional de la guerra debe por supuesto dar lugar al descubrimiento de mejores métodos para curar los males de las naciones.

(786.2)70:2.11 Las naciones de Urantia ya han iniciado la gigantesca lucha entre el militarismo nacionalista y el industrialismo y, en gran medida, este conflicto es similar a la lucha secular entre el pastor-cazador y el agricultor. Pero si el industrialismo ha de triunfar sobre el militarismo, debe evitar los peligros a los que se enfrenta. Los peligros de la industria incipiente en Urantia son:

(786.3)70:2.12 1. La fuerte tendencia al materialismo, la ceguera espiritual.

(786.4)70:2.13 2. El culto al poder y las riquezas, la distorsión de los valores.

(786.5)70:2.14 3. Los vicios del lujo, la inmadurez cultural.

(786.6)70:2.15 4. Los crecientes peligros de la indolencia, la falta de sensibilidad al servicio.

(786.7)70:2.16 5. El desarrollo de una indeseable debilidad racial, el deterioro biológico.

(786.8)70:2.17 6. La amenaza de la esclavitud industrial estandarizada, el estancamiento personal. El trabajo ennoblece, pero el trabajo tedioso es paralizante.

(786.9)70:2.18 El militarismo es autocrático y cruel —salvaje—. Fomenta la organización social entre los conquistadores, pero abate a los vencidos. El industrialismo es más civilizado y debería proceder de tal modo que facilite la iniciativa y aliente el individualismo. La sociedad debe propiciar la originalidad de todas las formas posibles.

(786.10)70:2.19 No cometáis el error de glorificar la guerra; percibid más bien lo que ha hecho por la sociedad de modo que podáis, de manera más precisa, prever lo que sus alternativas deben aportar para continuar el progreso de la civilización. Y si tales alternativas no son las adecuadas, podéis estar entonces seguros de que las guerras seguirán durante mucho tiempo.

(786.11)70:2.20 El hombre jamás aceptará la paz como modo normal de vida hasta que no se haya convencido concienzuda y repetidamente de que la paz es lo más conveniente para su bienestar material, y hasta que la sociedad no proporcione con sensatez alternativas pacíficas para satisfacer esa tendencia, inherente y periódica, a dar rienda suelta al impulso colectivo tendente a liberar aquellas emociones y energías que, de forma constante, se acumulan y que pertenecen a las reacciones de autopreservación de las especies humanas.

(786.12)70:2.21 Pero, aunque sea de paso, la guerra debe ser reconocida como la escuela de la experiencia que forzó a una raza de arrogantes individualistas a someterse a una autoridad muy concentrada —a un jefe del ejecutivo—. En las guerras antiguas se elegía como líderes a hombres innatamente grandes; pero esto no se hace ya en las guerras modernas. Para descubrir a sus líderes, la sociedad debe recurrir ahora a las conquistas de la paz: a la industria, a la ciencia y al logro social.

# 3. PRIMERAS ASOCIACIONES HUMANAS

(787.1)70:3.1 En la sociedad más primitiva la *horda* lo es todo; incluso los niños son sus bienes comunales. La familia evolutiva desplazó a la horda en cuanto a la crianza de los hijos, mientras que los clanes y las tribus que iban surgiendo la reemplazaron como unidad social.

(787.2)70:3.2 El apetito sexual y el amor maternal instauran la familia. Si bien, el verdadero gobierno no aparece hasta que no se empiezan a formar grupos más extensos que los familiares. En los días anteriores a la familia de la horda, el liderazgo lo componían personas que se elegían de forma informal. Los bosquimanos africanos nunca avanzaron más allá de este estadio primitivo; no hay jefes en su horda.

(787.3)70:3.3 Las familias se unieron por lazos de sangre en clanes, agrupaciones de parientes; y estos evolucionaron posteriormente hasta convertirse en tribus, en comunidades territoriales. La guerra y la presión externa forzaron a los clanes de parientes a organizarse en tribus, pero el comercio y el trueque mantuvieron a estos primeros grupos primitivos unidos con cierto grado de paz interna.

(787.4)70:3.4 Más que todos los sofismas sentimentales de una planificación visionaria de la paz, serán las organizaciones comerciales internacionales las que fomentarán la paz en Urantia. Las relaciones comerciales se han visto favorecidas por el desarrollo del lenguaje y por medios de comunicación más perfectos, al igual que por un mejor transporte.

(787.5)70:3.5 La falta de un lenguaje común siempre ha obstaculizado el desarrollo de grupos pacíficos, pero el dinero se ha convertido en el lenguaje universal del comercio moderno. La sociedad moderna se mantiene unida mayormente gracias al mercado industrial[50]. El móvil de obtener beneficios es un poderoso civilizador cuando se le une el afán de servir.

(787.6)70:3.6 En los tiempos primitivos, cada tribu se rodeaba de un perímetro territorial de miedo y suspicacia crecientes[51]; de ahí la costumbre que existió alguna vez de matar a todos los extraños y, más adelante, de esclavizarlos. La antigua idea de la amistad significaba la adopción dentro del clan; y se creía que la pertenencia al clan sobrevivía a la muerte —uno de los más tempranos conceptos de la vida eterna—.

(787.7)70:3.7 La ceremonia de adopción consistía en beber cada cual la sangre del otro. En algunos grupos se intercambiaba saliva en lugar de beber sangre; este fue el ancestral origen de la costumbre de besarse socialmente. Y todas las ceremonias de asociación, ya fuese de matrimonio o de adopción, siempre terminaban en banquete.

(787.8)70:3.8 En tiempos posteriores, se usó sangre diluida con vino tinto y, con el tiempo, solo se bebió el vino para sellar la ceremonia de adopción, que se anunciaba chocando las dos copas de vino y se consumaba tragando el brebaje. Los hebreos empleaban una forma modificada de esta ceremonia de adopción. Sus ancestros árabes utilizaban un juramento que se prestaba mientras la mano del candidato descansaba sobre el órgano reproductor del nativo de la tribu. Los hebreos trataban a los extranjeros que habían adoptado amable y fraternalmente. "Como a uno de vosotros trataréis al extranjero que habite entre vosotros, y lo amaréis como a vosotros mismos"[52].

(787.9)70:3.9 "La amistad con los huéspedes" definía una relación de hospitalidad que se entablaba de forma temporal. Cuando los visitantes se marchaban, se partía un plato por la mitad, y se le daba un trozo al amigo que partía para que sirviera de posible presentación a un tercero que más adelante pudiese venir de visita. Era habitual que los huéspedes asumieran sus gastos contando historias de sus viajes y aventuras. Los narradores de los tiempos antiguos se volvieron tan populares que las costumbres tradicionales dictaban que se prohibiera su actividad durante las estaciones de caza o recolecta.

(788.1)70:3.10 Los primeros tratados de paz eran los "vínculos de sangre". Los embajadores de la paz de dos tribus en guerra se reunían, presentaban sus respetos y, luego, procedían a pincharse la piel hasta que sangrara; tras lo cual, chupaban la sangre uno del otro y declaraban la paz.

(788.2)70:3.11 Las primeras misiones de paz estaban formadas por delegaciones de hombres que llevaban a sus doncellas preferidas a sus antiguos enemigos para gratificarles sexualmente; el apetito sexual se utilizaba como forma de combatir el impulso bélico. La tribu a la que se honraba de esta manera devolvía la visita y le hacía a su vez su ofrecimiento de doncellas; con lo cual se instauraba firmemente la paz. Y, al poco tiempo, se autorizaron los matrimonios entre las familias de los jefes.

# 4. CLANES Y TRIBUS

(788.3)70:4.1 El primer grupo pacífico fue la familia, luego el clan, la tribu y, más tarde, la nación, que se acabaría por convertirse en el moderno Estado territorial. Resulta alentador que los actuales grupos pacíficos, desde hace mucho tiempo, se hayan expandido más allá de los lazos de sangre hasta abarcar a las naciones, a pesar de que en Urantia estas siguen gastando inmensas sumas de dinero en preparativos de guerra.

(788.4)70:4.2 Los clanes eran grupos unidos por vínculos de sangre pertenecientes a la misma tribu, y debían su existencia a ciertos intereses conjuntos, entre los que se cuentan:

(788.5)70:4.3 1. Su origen, que se remontaba a un ancestro común.

(788.6)70:4.4 2. Su lealtad a un tótem religioso común.

(788.7)70:4.5 3. Hablar el mismo dialecto.

(788.8)70:4.6 4. Compartir un lugar de residencia común.

(788.9)70:4.7 5. Temer a los mismos enemigos.

(788.10) 70:4.8  6. Haber tenido una experiencia militar común.

(788.11)70:4.9 Los cabecillas de los clanes estaban siempre subordinados al jefe de la tribu; los primeros gobiernos tribales eran una confederación poco compacta de clanes. Los aborígenes australianos nunca desarrollaron una forma tribal de gobierno.

(788.12)70:4.10 Los jefes pacíficos de los clanes normalmente gobernaban por línea materna; los jefes guerreros de la tribu implantaron la línea paterna. La corte de los jefes tribales y reyes primitivos la componían los cabecillas de los clanes, a quienes se acostumbraba a invitar a la presencia del rey varias veces al año. Esto le permitía vigilarlos y procurarse mejor su cooperación. Los clanes cumplían un valioso servicio en el autogobierno local, pero retrasaron enormemente el desarrollo de naciones grandes y fuertes.

# 5. LOS COMIENZOS DEL GOBIERNO

(788.7)70:5.1 Toda institución humana tuvo un principio, y el gobierno civil es el resultado de una evolución progresiva, al igual que el matrimonio, la industria y la religión. A partir de los primeros clanes y de las tribus primitivas se desarrollaron gradualmente las clases sucesivas de gobiernos humanos que han surgido y desaparecido hasta llegar a las formas de regulación civil y social que caracterizan al segundo tercio del siglo veinte.

(788.8)70:5.2 Con la paulatina aparición de los núcleos familiares, se establecieron las bases del gobierno en la organización del clan, en la agrupación de familias consanguíneas. El primer órgano gubernamental verdadero fue el *consejo de los ancianos*[53]. Este grupo regidor se componía de ancianos que se habían distinguido de alguna manera por su eficiencia. Incluso el hombre salvaje apreció tempranamente la sabiduría y la experiencia, y siguió a continuación un largo período en el que el poder estaba en manos de los ancianos. Este reinado de la oligarquía de la edad se convirtió gradualmente en la idea patriarcal.

(789.1)70:5.3 En el primitivo consejo de ancianos se hallaba el potencial de todas las funciones gubernamentales: la ejecutiva, la legislativa y la judicial. Cuando el consejo interpretaba las costumbres vigentes, era un tribunal; cuando establecía las nuevas formas de los usos sociales, era el órgano legislativo; en la medida en la que hacía cumplir estos decretos y normativas, era el ejecutivo. El presidente del consejo fue uno de los predecesores del futuro jefe tribal.

(789.2)70:5.4 Algunas tribus tenían consejos de mujeres y, ocasionalmente, muchas tribus tenían mujeres como dirigentes. Ciertas tribus del hombre rojo preservaron las enseñanzas de Onamonalontón al seguir la regla de la unanimidad del "consejo de los siete".

(789.3)70:5.5 A la humanidad le ha sido difícil aprender que un círculo de debates no puede gestionar ni la paz ni la guerra. Los primitivos "parloteos" rara vez fueron de utilidad. La raza humana pronto supo que un ejército comandado por un grupo de cabecillas de clanes no podía hacer nada contra un ejército fuerte bajo el mando de un solo hombre. La guerra siempre ha sido una hacedora de reyes.

(789.4)70:5.6 En un primer momento, se elegían a jefes guerreros solo para actuar militarmente; estos renunciaban a parte de su autoridad durante los períodos de paz, cuando sus deberes eran de carácter más social. Si bien, paulatinamente, comenzaron a intervenir en los intervalos de paz, tratando de continuar estar al mando entre guerras. A menudo se aseguraban de que las guerras no tardaran demasiado en seguirse unas a otras. Estos primitivos señores de la guerra no eran partidarios de la paz.

(789.5)70:5.7 En tiempos posteriores, se elegían a los jefes para tareas que no fuesen militares; se escogían por su excepcional constitución física o extraordinarias capacidades personales. Con frecuencia, los hombres rojos tenían dos grupos de jefes: los *sachems*, o jefes de paz, y los jefes de guerra hereditarios. Los dirigentes de paz eran además jueces y maestros.

(789.6)70:5.8 Algunas comunidades primitivas estaban gobernadas por curanderos, que a menudo ejercían como jefes. Un solo hombre actuaba en calidad de sacerdote, médico y jefe del ejecutivo. Con bastante frecuencia, las primeras insignias reales habían sido originariamente los símbolos o emblemas de las vestiduras sacerdotales.

(789.7)70:5.9 Y fue de manera escalonada que la rama ejecutiva del gobierno se fue constituyendo gradualmente. Los consejos del clan y de la tribu continuaron aunque con carácter consultivo y como predecesores de las ramas legislativa y judicial, que más tarde harían su aparición. En África, hoy día, todas estas formas de gobierno primitivo están realmente presentes en las diferentes tribus.

# 6. EL GOBIERNO MONÁRQUICO

(789.8)70:6.1 El régimen estatal apareció de forma operativa solo cuando el jefe adquirió plenos poderes ejecutivos. El hombre descubrió que solo se lograba un gobierno efectivo cuando se le confería el poder a una persona, y no apoyando una idea[54].

(789.9)70:6.2 La soberanía nació a partir de la idea de la autoridad[55] o de la riqueza de la familia. Cuando un reyezuelo patriarcal se convertía en un verdadero rey, se le llamaba a veces "padre de su pueblo"[56]. Más tarde, se pensó que los reyes procedían de los héroes. E incluso, más adelante, la soberanía llegó a ser hereditaria, debido a la creencia del origen divino de los reyes.

(789.10)70:6.3 Con la monarquía hereditaria se evitó la anarquía que tantos estragos había previamente originado entre la muerte de un rey y la elección de su sucesor. La familia tenía un cabecilla biológico; el clan, un jefe natural elegido[57]; la tribu y posteriormente el Estado no tenían ningún líder natural, lo que justificó que se erigieran con carácter hereditario a los jefes-reyes. La idea de las familias reales y de la aristocracia también se basó en las costumbres de la "propiedad del nombre"[58] en los clanes.

(790.1)70:6.4 Con el tiempo, la sucesión de los reyes llegó a considerarse como algo sobrenatural; se creía que la sangre real se remontaba a los tiempos de la comitiva materializada del príncipe Caligastia. Por ello, los reyes se convirtieron en personas fetiche y se les temió de manera desmesurada, hasta se adoptó una forma particular de hablar para su uso en la corte. Incluso en los últimos tiempos se creía que tocar a un rey curaba las enfermedades, y algunos pueblos de Urantia todavía piensan que sus gobernantes tienen un origen divino.

(790.2)70:6.5 El rey fetiche primitivo se mantenía a menudo recluido; se le consideraba demasiado sagrado para ser contemplado a no ser en los días de fiesta y en los días sagrados. Normalmente, se elegía a un representante para hacerse pasar por él, y de ahí el origen de los primeros ministros. El primer funcionario del consejo de ministros era el responsable de los alimentos[59]; otros, en breve le siguieron. Los dirigentes pronto nombraron representantes para hacerse cargo del comercio y la religión; y el desarrollo del consejo de ministro fue un paso que llevó directamente hasta la despersonalización de la autoridad ejecutiva. Estos asistentes de los primeros reyes se convirtieron en la nobleza reconocida, y la esposa del rey ascendió de forma gradual a la dignidad de reina a medida que las mujeres gozaban de mayor estima.

(790.3)70:6.6 Algunos dirigentes poco escrupulosos consiguieron un gran poder gracias al descubrimiento del veneno. La magia[60] de los tribunales primitivos era diabólica; los enemigos del rey morían pronto. Pero incluso el tirano más despótico estaba supeditado a algunas restricciones; al menos el miedo constante a ser asesinado le reprimía. Los curanderos, los hechiceros y los sacerdotes siempre fueron una poderosa sujeción para los reyes. Posteriormente, los terratenientes, la aristocracia, tuvieron igualmente un efecto restrictivo. Y, ocasionalmente, los clanes y las tribus simplemente se sublevaban y derrocaban a sus déspotas y tiranos. A los soberanos depuestos, cuando eran condenados a muerte, se les concedía con frecuencia la posibilidad de suicidarse, lo que dio origen a la ancestral moda social de suicidarse en determinadas circunstancias.

# 7. CLUBES PRIMITIVOS Y SOCIEDADES SECRETAS

(790.4)70:7.1 El parentesco de sangre estableció los primeros grupos sociales; la asociación amplió el clan de parentesco. Los matrimonios mixtos fueron el siguiente paso en la expansión de los grupos, y la compleja tribu resultante fue el primer órgano político verdadero. El siguiente avance en el desarrollo social fue la evolución de las entidades religiosas y los clubes políticos. Aparecieron primeramente con carácter de sociedades secretas y, originariamente, tenían un carácter enteramente religioso; luego, adquirieron un carácter regulador. En un principio fueron clubes de hombres; más tarde, aparecieron clubes de mujeres. Al poco tiempo, se dividieron en dos clases: sociopolítico y religioso-místico.

(790.5)70:7.2 Había muchas razones para el secretismo de estas sociedades, entre las que se cuentan:

(790.6)70:7.3 1. El temor a incurrir en el descontento de los dirigentes por haber violado algún tabú.

(790.7)70:7.4 2. Practicar ritos religiosos minoritarios.

(790.8) 70:7.5 3. Preservar valiosa información secreta proveniente de los "espíritus".

(790.9) 70:7.6 4. Disfrutar de algún amuleto o magia especiales.

(790.10)70:7.7 El secretismo de estas sociedades otorgaba a todos sus miembros el poder del misterio sobre el resto de la tribu. El secretismo también apelaba a la vanidad; los iniciados eran la aristocracia social de su tiempo. Tras la iniciación, los muchachos podían cazar con los hombres; mientras que antes recogían verduras con las mujeres. Y era una humillación suprema, una deshonra ante la tribu, no lograr pasar las pruebas de la pubertad y verse así obligado a permanecer fuera de la morada de los hombres, junto con las mujeres y los niños, y siendo considerado afeminado. Además, a los no iniciados no se les permitía contraer matrimonio.

(791.1)70:7.8 Los pueblos primitivos enseñaron muy pronto a sus jóvenes adolescentes a controlar su instinto sexual. Se estableció la costumbre de separar a los muchachos de sus padres desde la pubertad hasta el matrimonio, confiando su educación y formación a las sociedades secretas masculinas. Una de las funciones principales de estos clubes era mantener bajo control a estos jóvenes para así evitar hijos ilegítimos.

(791.2)70:7.9 La prostitución comercializada comenzó cuando estos clubes masculinos comenzaron a pagar con dinero la utilización de mujeres de otras tribus. Pero los grupos más primitivos estaban singularmente exentos de laxitud sexual.

(791.3)70:7.10 La ceremonia de iniciación de la pubertad solía prolongarse por un período de cinco años. Estas ceremonias incluían bastante tortura autoinfligida y dolorosas incisiones. La circuncisión se practicó primeramente como rito de iniciación en algunas de estas cofradías secretas. Como parte de la iniciación de la pubertad, se grababan en el cuerpo las marcas tribales con incisiones; así se originó el tatuaje como distintivo de membrecía. Estas torturas, junto con muchas privaciones, estaban concebidas para endurecer a estos jóvenes, para imprimir en su mente la realidad de la vida y sus inevitables adversidades. Dicho propósito se logra mejor mediante los juegos atléticos y las competiciones físicas que más tarde aparecerían.

(791.4)70:7.11 Pero las sociedades secretas intentaban de hecho mejorar la moralidad de los adolescentes[61]; uno de los propósitos principales de las ceremonias de la pubertad era infundir en el muchacho la idea de que debía dejar en paz a las esposas ajenas.

(791.5)70:7.12 Tras estos años de rigurosa disciplina y formación, y justo antes de contraer matrimonio, se solía liberar a los jóvenes para que gozaran de un corto período de ocio y libertad, tras el cual debían regresar para casarse y quedar subordinados durante toda su vida a los tabúes tribales. Y esta costumbre ancestral ha continuado hasta los tiempos modernos en la insensata idea de "echar canas al aire".

(791.6)70:7.13 Muchas tribus posteriores autorizaron la formación de clubes secretos femeninos, cuyo propósito era preparar a las muchachas adolescentes para ser esposas y madres. Tras la iniciación, las jóvenes podían optar por el matrimonio y se les permitía asistir a la "presentación de la novia", la puesta de largo de aquellos días. Pronto surgieron órdenes de mujeres que hacían promesas contra el matrimonio.

(791.7)70:7.14 Al poco tiempo, cuando grupos de hombres solteros y de mujeres no comprometidas formaron sus propias organizaciones, hicieron su aparición los clubes no secretos. Estas asociaciones fueron realmente las primeras escuelas. Y aunque los clubes femeninos y masculinos eran a menudo dados a perseguirse unos a otros, algunas tribus avanzadas, una vez que contactaron con los maestros de Dalamatia, probaron la coeducación, instituyendo escuelas de internado para ambos sexos.

(791.8)70:7.15 Las sociedades secretas contribuyeron a la formación de las castas sociales principalmente a causa del carácter misterioso de sus iniciaciones. Los miembros de estas sociedades utilizaron primeramente máscaras para ahuyentar a los curiosos de sus ritos de duelo —o culto a los ancestros—. Más tarde, este rito se convirtió en una supuesta sesión espiritista en la cual se decía que aparecían espíritus. Las sociedades antiguas del "nuevo nacimiento" usaban signos y empleaban un lenguaje secreto especial; también renunciaban a determinados alimentos y bebidas. Actuaban como policía nocturna, además de ejercer una amplia variedad de actividades sociales.

(792.1)70:7.16 Todas las asociaciones secretas imponían un juramento, ordenaban la confidencialidad y enseñaban a guardar secretos. Estas órdenes atemorizaban y controlaban a las muchedumbres; actuaban además como sociedades de vigilancia, aplicando, pues, la ley del linchamiento. Disponían de los primeros espías cuando las tribus estaban en guerra y de los primeros policías secretos en tiempos de paz. Lo más favorable de ellas era que mantenían a los reyes poco escrupulosos en un estado de ansiedad respecto a su futuro[62]. Para contrarrestarlas, los reyes promovieron su propia policía secreta.

(792.2)70:7.17 Estas sociedades dieron lugar a los primeros partidos políticos. El primer gobierno de partido fue el de "los fuertes" *contra* "los débiles". En tiempos antiguos, solo se cambiaba de gobierno después vecino una guerra civil, sobrada prueba de que los débiles se habían convertido en fuertes.

(792.3)70:7.18 Los comerciantes se servían de estos clubes para cobrar deudas y los dirigentes, para recaudar impuestos. La tributación conllevó una larga lucha; una de sus primeras formas fue el diezmo o una décima parte de la caza o del botín. Originariamente se cobraban los impuestos para mantener la casa del rey, pero se descubrió que se recaudaban con mayor facilidad si se enmascaraban bajo la forma de ofrendas para apoyar el servicio del templo.

(792.4)70:7.19 En breve plazo, estas asociaciones secretas se convirtieron en las primeras organizaciones caritativas, para luego evolucionar y llegar a ser las primeras sociedades religiosas —las predecesoras de las iglesias—. Por último, algunas de estas sociedades se hicieron intertribales, pasando a ser las primeras cofradías internacionales.

# 8. LAS CLASES SOCIALES

(792.5)70:8.1 La desigualdad mental y física de los seres humanos da pie a la aparición de las clases sociales. Los únicos mundos sin estratos sociales son los más primitivos y los más avanzados. En una civilización incipiente, la diferenciación de los niveles sociales no es todavía un hecho, mientras que en un mundo asentado en luz y vida se han borrado mayormente estas divisiones de la humanidad, que tan características son de todas las etapas evolutivas intermedias.

(792.6)70:8.2 A medida que la sociedad iba del estado salvaje al de barbarie[63], sus integrantes humanos solían agruparse en clases debido a las siguientes razones de índole general:

(792.7)70:8.3 1. *Naturales*: Contacto, parentesco y matrimonio; las primeras distinciones sociales se basaron en el sexo, la edad y la sangre —o parentesco con el jefe—.

(792.8)70:8.4 2. *Personales*: El reconocimiento de las capacidades, la resistencia, la destreza y la entereza; pronto seguido por el reconocimiento del dominio del lenguaje, el conocimiento y la inteligencia general.

(792.9)70:8.5  3. *Circunstanciales*: La guerra y la emigración dieron como resultado la separación de los grupos humanos. La evolución de las clases se vio fuertemente condicionada por las conquistas, la relación de los vencedores con los vencidos, a la vez que la esclavitud trajo consigo la primera división general de la sociedad en libres y cautivos.

(792.10)70:8.6  4. *Económicas*: Los ricos y los pobres. La riqueza y la posesión de esclavos fue la base hereditaria para una de las clases de la sociedad.

(792.11)70:8.7  5. *Geográficas*: Algunas clases surgieron como consecuencia de los asentamientos urbanos o rurales. La ciudad y el campo, respectivamente, han contribuido a la diferenciación entre el pastor-agricultor y el comerciante-industrial, con sus distintos puntos de vista y reacciones.

(792.12)70:8.8  6. *Sociales*: Algunas clases se fueron formando gradualmente siguiendo la estimación popular del valor social de diferentes grupos. Entre las primeras divisiones de este tipo estaban las distinciones entre sacerdotes-maestros, dirigentes-guerreros, capitalistas-comerciantes, obreros comunes y esclavos. El esclavo nunca podía convertirse en capitalista, aunque algunas veces el asalariado podía optar por unirse a las filas capitalistas.

(793.1)70:8.9  7. *Vocacionales*: A medida que las vocaciones se multiplicaban, se tendía a establecer castas y gremios. Los trabajadores se dividieron en tres grupos: las clases profesionales, incluyendo a los curanderos, luego los obreros especializados, seguidos por los obreros no especializados.

(793.2)70:8.10  8. *Religiosas*: Los primeros clubes de tipo religioso generaron sus propias clases dentro de los clanes y las tribus, y la piedad y el misticismo de los sacerdotes las perpetuaron durante mucho tiempo como un grupo social separado.

(793.3)70:8.11  9. *Raciales:* La presencia de dos o más razas dentro de una nación o unidad territorial determinada da origen a las castas de color. El sistema original de castas de la India se basaba en el color, tal como sucedió en el antiguo Egipto.

(793.4)70:8.12  10. *Edad*: La juventud y la madurez. Entre las tribus, el niño permanecía bajo la protección de su padre mientras que este estuviese vivo; si bien, la niña quedaba al cuidado de su madre hasta que contrajera matrimonio.

(793.5)70:8.13 Es imprescindible para una sociedad en desarrollo que las clases sociales sean flexibles y cambiantes; pero cuando las *clases* se convierten en *castas,* cuando los niveles sociales se anquilosan, la mejora de la estabilidad social se adquiere mermando la iniciativa personal. La casta social resuelve el problema de hallar cada cual su lugar en el sector laboral, pero también restringe severamente el desarrollo individual y prácticamente impide la cooperación social.

(793.6)70:8.14 Habiéndose formado naturalmente, las clases sociales persistirán hasta que el hombre logre paulatinamente su desaparición de forma evolutiva mediante la actuación inteligente sobre las fuentes biológicas, intelectuales y espirituales de una civilización en progreso, de las siguientes formas:

(793.7)70:8.15   1. La renovación biológica de los linajes raciales: la exclusión selectiva de las variedades humanas menos dotadas. Esto tenderá a erradicar muchas desigualdades humanas.

(793.8)70:8.16   2. La formación educativa de la mayor capacidad cerebral que surgirá de esta mejora biológica.

(793.9)70:8.17   3. El avivamiento religioso de los sentimientos de parentesco y hermandad humanos.

(793.10)70:8.18 Si bien, estas medidas solo pueden dar sus verdaderos frutos en los remotos milenios del futuro, aunque resultará una gran e inmediata mejora social si se actúa de forma inteligente, prudente y *paciente* sobre estos elementos aceleradores del progreso cultural. La religión es la palanca poderosa que alza a la civilización por encima del caos, pero que no tiene ningún efecto sin el punto de apoyo de una mente sana y normal que repose firmemente sobre una herencia sana y normal.

# 9. LOS DERECHOS HUMANOS

(793.11)70:9.1 La naturaleza no confiere al hombre ningún derecho, sino solamente la vida y un mundo en el que vivirla. La naturaleza no confiere ni siquiera el derecho a vivir, tal como se puede desprender de lo que probablemente le sucedería a un hombre desarmado que se encontrara frente a frente con un tigre hambriento en un bosque primitivo. La sociedad otorga al hombre un don fundamental: la seguridad.

(793.12)70:9.2   Paulatinamente la sociedad ha hecho valer sus derechos, que, en la actualidad, son los siguientes:

(793.13)70:9.3 1. Garantía en el suministro de alimentos.

(793.14)70:9.4 2. Defensa militar: Seguridad mediante el estado de preparación.

(793.15)70:9.5   3. Mantenimiento de la paz interna: Prevención de la violencia personal y el desorden social.

(794.1)70:9.6 4. Regulación sexual: Matrimonio, la institución de la familia.

(794.2)70:9.7 5. Propiedad: Derecho a poseer.

(794.3)70:9.8 6. Fomento de la competitividad individual y grupal.

(794.4)70:9.9 7. Medidas para la educación y la formación de la juventud.

(794.5)70:9.10 8. Promoción del intercambio y del comercio: Desarrollo industrial.

(794.6)70:9.11 9. Mejora de las condiciones y las remuneraciones laborales.

(794.7)70:9.12   10. Garantía de la libertad de las prácticas religiosas con el fin de que todas estas otras actividades sociales se enaltezcan al estar espiritualmente motivadas.

(794.8)70:9.13 Cuando los derechos son tan antiguos que se desconocen sus orígenes, a menudo se les llama *derechos naturales*. Pero, en realidad, los derechos humanos no son naturales; son enteramente sociales. Son relativos y en constante cambio; no son sino parte de las reglas del juego: adaptaciones aceptadas de las relaciones que rigen los siempre cambiantes fenómenos de la competitividad humana.

(794.9)70:9.14 Lo que se puede considerar como un derecho en una era, puede que no lo sea en otra. La supervivencia de un gran número de personas anormales y en declive degenerativo no se debe a que tengan el derecho natural de dificultar la civilización del siglo veinte, sino simplemente porque la sociedad de la época, las costumbres, así lo decreta.

(794.10)70:9.15 En la Europa de la Edad Media se reconocían pocos derechos humanos; entonces, cualquier hombre pertenecía a otro, y los derechos no eran sino privilegios o favores concedidos por la Iglesia o el Estado. Y rebelarse contra este error fue igualmente erróneo al dar lugar a la convicción de que todos los hombres nacen iguales.

(794.11)70:9.16 El débil y el menos dotado siempre han luchado por la igualdad de derechos; siempre han insistido en que el Estado obligue al fuerte y al más dotado a satisfacer sus carencias y compensar además aquellas deficiencias, que con demasiada frecuencia son el resultado natural de su propia apatía e indolencia.

(794.12)70:9.17 Pero este ideal de igualdad es el fruto de la civilización; no se halla en la naturaleza. Incluso la cultura misma demuestra de forma concluyente la desigualdad innata a los hombres mediante sus muy desiguales capacidades para esta. La consecución repentina y no evolutiva de la supuesta igualdad natural volvería a precipitar rápidamente al hombre civilizado a los usos rudimentarios de las eras primitivas. La sociedad no puede ofrecer los mismos derechos a todos, pero sí puede comprometerse a administrar los distintos derechos de cada cual con justicia y equidad. Es competencia y deber de la sociedad proporcionar al hijo de la naturaleza una oportunidad justa y pacífica de buscar su propio sostenimiento, de participar en la perpetuación de sí mismo, mientras disfruta al mismo tiempo de cierto grado de autocomplacencia; la suma de estos tres factores constituye la felicidad humana.

# 10. EVOLUCIÓN DE LA JUSTICIA

(794.13)70:10.1 La justicia natural es una teoría formulada por el hombre; no es una realidad. En la naturaleza, la justicia es puramente teórica, una completa ficción. La naturaleza no ofrece más que un tipo de justicia: inevitable atribución de los resultados a las causas.

(794.14)70:10.2 La justicia, tal como la concibe el hombre, significa conseguir los derechos que le son propios y es, por tanto, una cuestión de evolución progresiva. El concepto de justicia podría ser muy bien esencial en una mente dotada de espíritu, pero no aparece con toda su plenitud en los mundos del espacio.

(794.15)70:10.3 El hombre primitivo atribuía todos los fenómenos a una persona. En caso de muerte, el salvaje no se preguntaba *qué* lo había matado, sino *quién*. El asesinato accidental no estaba, por tanto, reconocido y, cuando se castigaba un delito, se desestimaba completamente el móvil del delincuente; se dictaba la sentencia de acuerdo con el daño ocasionado.

(795.1)70:10.4 En la sociedad más primitiva, la opinión pública actuaba directamente; no se necesitaban agentes de la ley. En la vida primitiva no había privacidad. Los vecinos de un hombre eran responsables de su conducta; de ahí su derecho a entrometerse en sus asuntos personales. La sociedad se regía por el principio de que los miembros del grupo debían interesarse por el comportamiento de cada uno de ellos, y tener un cierto grado de control sobre estos.

(795.2)70:10.5 Muy pronto se creyó que los espíritus administraban la justicia por medio de los curanderos y sacerdotes; lo que hizo que estos colectivos se erigieran como los primeros investigadores de delitos y agentes de la ley. Sus métodos primitivos de detección de los delitos consistían en efectuar ordalías de veneno, fuego y dolor. Estas despiadadas pruebas no eran más que rudos métodos de arbitraje; no resolvían necesariamente un litigio con justicia. Por ejemplo, cuando se le administraba veneno a un acusado, si este vomitaba, es que era inocente.

(795.3)70:10.6 En el Antiguo Testamento hay constancia de una de estas ordalías en relación a una prueba de culpabilidad conyugal: si un hombre sospechaba que su esposa le engañaba, la llevaba ante el sacerdote y expresaba sus sospechas, tras lo cual el sacerdote preparaba un brebaje que consistía en agua bendita y barreduras del suelo del templo. Después de la debida ceremonia, que incluía maldiciones amenazantes, a la acusada se le hacía beber la desagradable poción. Si era culpable, que "el agua que da maldición entre en ella y se vuelva amarga y haga hinchar su vientre y pudrirse sus muslos, y sea objeto de maldición en medio de su pueblo"[64]. Si resultara que alguna mujer bebiese este repugnante brebaje y no manifestase síntomas de enfermedad física, se la absolvía de las acusaciones vertidas por su celoso esposo.

(795.4)70:10.7 Estos atroces instrumentos de detección de los delitos se practicaron en algún momento u otro en todas las tribus en su curso de evolución. Batirse en duelo fue la continuidad moderna del juicio por medio de las ordalías.

(795.5)70:10.8 No es de extrañar que los hebreos y otras tribus semicivilizadas practicaran hace tres mil años estos métodos tan primitivos de administrar la justicia, pero es muy sorprendente que hubiese hombres juiciosos que llegaran a retener tal reliquia de la barbarie en las páginas de una recopilación de escrituras sagradas. El pensar reflexivo debe dejar claro que ningún ser divino le dio jamás al hombre instrucciones tan injustas para la detección y enjuiciamiento de supuestas infidelidades matrimoniales.

(795.6)70:10.9 Pronto, la sociedad adoptó la actitud de tomar represalias: ojo por ojo[65], vida por vida[66]. Todas las tribus en vías de evolución reconocían este derecho a la venganza de sangre, y esta se convirtió en el objetivo de la vida primitiva; si bien, desde entonces, la religión ha modificado significativamente estas prácticas tribales primitivas. Los maestros de la religión revelada siempre han proclamado: "'Mía es la venganza', dice el Señor'"[67]. Las muertes por venganza de los tiempos primitivos no eran muy distintas a los asesinatos que se cometen hoy en día bajo el pretexto de la ley no escrita.

(795.7)70:10.10 El suicidio era una forma común de represalia. Si alguien no podía vengarse en vida, moría albergando la creencia de que, bajo la forma de un espíritu, podría regresar y desatar su ira sobre el enemigo. Y puesto que esta creencia era de carácter muy general, la amenaza de suicidarse ante el domicilio de un enemigo era suficiente para hacerle llegar a un acuerdo. El hombre primitivo no tenía la vida en alta estima; el suicidio a causa de nimiedades era algo común, pero las enseñanzas de los dalamatianos redujo esta costumbre de forma considerable; además, en tiempos más recientes, se sumaron el ocio, las comodidades, la religión y la filosofía para endulzar la vida y hacerla más gratificante. No obstante, las huelgas de hambre son, en épocas modernas, un equivalente de este antiguo método de represalia.

(796.1)70:10.11 Uno de los más tempranos pronunciamientos de la desarrollada ley tribal tenía que ver con la asunción de las reyertas familiares como asuntos tribales. Pero resulta extraño que, incluso en aquel momento, un hombre podía matar a su esposa sin ser castigado siempre que hubiese pagado totalmente por ella. Los esquimales de hoy, sin embargo, todavía permiten que sea la familia agraviada la que dicte y administre el castigo por el delito, incluso en caso de un asesinato.

(796.2)70:10.12 Otro avance fue la imposición de multas por violar los tabúes, la estipulación de penalizaciones[68]. Estas multas representaron los primeros ingresos públicos. La costumbre del "precio de la sangre" como sustituto de la venganza de sangre se convirtió en una práctica habitual. Estos daños y perjuicios se pagaban por lo general en mujeres o ganado; pasaría mucho tiempo antes de que las verdaderas multas, la indemnización monetaria, se consideraran como castigo por los delitos. Y puesto que el castigo era algo esencialmente retributivo, todas las cosas, incluyendo la vida humana, acabaron por tener un precio a pagar por los daños causados. Los hebreos fueron los primeros en abolir la práctica de pagar el precio de la sangre. Moisés impartió la enseñanza de que no debían "aceptar rescate por la vida del homicida, porque está condenado a muerte: indefectiblemente morirá"[69].

(796.3)70:10.13   Así pues, la familia impartió primeramente la justicia, luego fue el clan y, más tarde, la tribu. La administración de la verdadera justicia se remonta al momento en el que se desposeyó la venganza de las manos de grupos privados y consanguíneos y se depositó en las del grupo social, en las del Estado.

(796.4)70:10.14 En cierto momento, fue una práctica común quemar vivo a alguien en la hoguera como castigo. Muchos dirigentes de la antigüedad aprobaban esta práctica, incluidos Hammurabi[70] y Moisés, quien prescribió que muchos delitos, en particular los de carácter sexual grave, se castigaran quemando al culpable en la hoguera. Si "la hija del sacerdote" o de otro destacado ciudadano se daba a la prostitución, la costumbre hebrea era "quemarla al fuego"[71].

(796.5)70:10.15 La traición —el "venderse" o la traición a los propios compañeros de tribu— fue el primer delito capital. El robo de ganado se castigaba de manera generalizada con la muerte sumaria y, hasta hace poco, se ha castigado el hurto de caballos de forma semejante. Pero, a medida que pasaba el tiempo, se comprobó que la severidad del castigo no era un elemento disuasorio en la comisión de delitos tan efectivo como lo era su certeza y prontitud[72].

(796.6)70:10.16 Cuando una sociedad no logra castigar los delitos, la indignación colectiva suele imponerse cometiendo linchamientos; la creación de refugios sirvió como medio para escapar de esta repentina cólera comunitaria. El linchamiento y el duelo significan la falta de disposición del agraviado para renunciar a su resarcimiento personal en favor del Estado.

# 11. LEYES Y TRIBUNALES

(796.7)70:11.1 Resulta tan difícil establecer una clara distinción entre costumbres y leyes como lo es indicar con exactitud en qué momento del alba a la noche le sucede el día. Las costumbres son leyes y normas policiales en potencia. Cuando llevan mucho tiempo instituidas, las costumbres no escritas tienden a cristalizarse en leyes precisas, normas concretas y convenciones sociales bien definidas.

(796.8)70:11.2 En un principio, la ley siempre es negativa y prohibitiva; en las civilizaciones en avance se hace cada vez más positiva y directiva. La sociedad primitiva se regulaba de manera negativa; otorgaba a las personas el derecho a vivir imponiendo sobre todos los demás el mandamiento, "no matarás"[73]. Toda concesión de derechos o libertades de forma individual entraña el recorte de libertades a todos los demás[74], y esto se lleva a cabo mediante el tabú, la ley primitiva. Toda la idea del tabú[75] es en sí misma negativa, porque la organización de la sociedad fue enteramente negativa, y la temprana administración de la justicia estribaba en la observancia de los tabúes. Si bien, inicialmente estas leyes se aplicaban solamente a los miembros de la tribu, tal como se ilustra en los hebreos de los últimos días, que tenían un diferente código de ética para tratar con los gentiles.

(797.1)70:11.3 El juramento se originó en los tiempos de Dalamatia con la intención de hacer que los testimonios fuesen más veraces. Tales juramentos consistían en pronunciar una maldición contra uno mismo. Antiguamente, nadie quería testificar en contra de su grupo nativo.

(797.2)70:11.4 La delincuencia era un ataque a las costumbres tribales, el pecado era transgresión de aquellos tabúes que gozaban de la aprobación de los espíritus, y se dio una prolongada confusión por el error de no haber separado delincuencia y pecado.

(797.3)70:11.5 El interés personal estableció el tabú del asesinato, la sociedad lo legitimó como costumbre tradicional, mientras que la religión consagró esta costumbre como ley moral; y, de este modo, los tres contribuyeron a hacer la vida humana más segura y sagrada. La sociedad no se hubiese podido mantener unida durante estos tempranos tiempos si los derechos no hubiesen tenido la aprobación de la religión; la superstición fue el órgano policial moral y social de las largas eras evolutivas. Todos los antiguos aseguraban que sus ancestros habían recibido las viejas leyes, los tabúes, de mano de los dioses.

(797.4)70:11.6 La ley es un relato codificado de la dilatada experiencia humana, de la opinión pública cristalizada y legalizada. Las costumbres eran la materia prima de la experiencia acumulada, de la cual las mentes dirigentes formulaban las leyes escritas. Los jueces antiguos no disponían de leyes. Cuando emitían una decisión, simplemente decían: "Es la costumbre"[76].

(797.5)70:11.7 La referencia a la jurisprudencia en las decisiones judiciales representa el esfuerzo de los jueces para adaptar las leyes escritas a las condiciones cambiantes de la sociedad. Esto prevé una adaptación progresiva a tales variables condiciones junto al efecto de las continuadas tradiciones.

(797.6)70:11.8 Los litigios sobre la propiedad se trataban de muchas maneras, entre las que están las siguientes:

(797.7)70:11.9 1. Destruyendo la propiedad en disputa.

(797.8)70:11.10 2. Mediante la fuerza: Los litigantes luchaban entre sí.

(797.9)70:11.11 3. Mediante el arbitraje: Un tercero decidía.

(797.10)70:11.12  4. Mediante la apelación a los ancianos —posteriormente se llevarían a los tribunales —.

(797.11)70:11.13  Los primeros tribunales venían a ser enfrentamientos con los puños de manera regulada; los jueces eran simplemente evaluadores o árbitros. Se ocupaban de que la lucha se llevara a cabo de acuerdo con unas normas aprobadas. Al iniciar la pelea ante los jueces, cada parte tenía que dejar una fianza al juez para pagar los gastos y la multa tras haber vencido uno al otro. "La fuerza aún llevaba la razón". Más tarde, los pleitos verbales sustituyeron a los golpes físicos.

(797.12)70:11.14 Toda la idea de la justicia primitiva no era tanto ser justo como solucionar la disputa y evitar de este modo el desorden público y la violencia privada. Pero el hombre primitivo no se indignaba tanto ante lo que ahora se consideraría como una injusticia; se daba por hecho que los que tenían el poder lo usarían de manera interesada. No obstante, se puede determinar con bastante precisión la condición de cualquier civilización mediante el rigor y la equidad de sus tribunales y mediante la integridad de sus jueces.

# 12. DISTRIBUCIÓN DE LA AUTORIDAD CIVIL

(797.13)70:12.1 La gran pugna que ha existido en torno a la evolución del gobierno ha sido a causa de la concentración del poder. Los administradores del universo han aprendido por experiencia que los pueblos evolutivos en los mundos habitados se rigen mejor siguiendo el sistema representativo de gobierno civil cuando hay un adecuado equilibrio de poderes entre las bien coordinadas ramas ejecutiva, legislativa y judicial.

(798.1)70:12.2 Aunque la autoridad primitiva se basaba en la fuerza, en el poder físico, el gobierno ideal es el sistema representativo en el que el liderazgo se basa en la capacidad; si bien, en los días de barbarie había, en todos los aspectos, demasiadas guerras como para posibilitar la instauración de un gobierno representativo efectivo. En la larga lucha entre la división de la autoridad y la unidad de mando, ganó el dictador. Los tempranos y difusos poderes de los primeros consejos de ancianos se fueron concentrando en la persona de un monarca absoluto. Tras la llegada de los verdaderos reyes, los grupos de ancianos persistieron en calidad de órganos asesores cuasi legislativos y judiciales; más adelante, hicieron su aparición las cámaras legislativas de carácter igualitario y, con el tiempo se establecieron, separados de las cámaras legislativas, los tribunales supremos.

(798.2)70:12.3 El rey hacía respetar las costumbres, la ley original o no escrita. Luego hizo cumplir las medidas legislativas, cristalización de la opinión pública. Aunque lenta en hacer su aparición, la asamblea popular como expresión de la opinión pública significó un gran avance social.

(798.3)70:12.4 Los primeros reyes se encontraron considerablemente limitados por las costumbres —por la tradición o la opinión pública—. En los últimos tiempos algunas naciones de Urantia han codificado estas costumbres en unas bases documentales de gobierno[77].

(798.4)70:12.5 Los mortales de Urantia tienen derecho a la libertad; deben crear sus sistemas de gobierno; deben adoptar sus constituciones u otros estatutos relativos a la autoridad civil y a los procedimientos administrativos. Y habiendo hecho esto, deben seleccionar entre ellos a los más competentes y dignos como jefes del ejecutivo. Como representantes de la rama legislativa deben elegir solo aquellos que estén intelectual y moralmente capacitados para desempeñar estas sagradas responsabilidades. Para jueces de sus tribunales superiores y supremos solamente se deben optar por aquellos dotados de habilidad natural y cuya sabiduría esté basada en una profunda experiencia.

(798.5)70:12.6 Para que los hombres mantengan su libertad, una vez que han escogido sus estatutos de libertad, deben asegurarse de que se interpreten de forma sensata, inteligente y valiente con el fin de impedir:

(798.6)70:12.7 1. La usurpación de poder injustificado por parte de las ramas ejecutiva o legislativa.

(798.7)70:12.8 2. Las maquinaciones de agitadores ignorantes y supersticiosos.

(798.8)70:12.9 3. El retraso del progreso científico.

(798.9)70:12.10 4. El estancamiento por el dominio de la mediocridad.

(798.10)70:12.11 5. El dominio por parte de minorías despiadadas.

(798.11)70:12.12 6. El control por parte de ambiciosos y astutos dictadores en potencia.

(798.12)70:12.13 7. El catastrófico trastorno del pánico.

(798.13)70:12.14 8. La explotación por parte de personas sin escrúpulos.

(798.14)70:12.15 9. La esclavitud tributaria de la ciudadanía por parte del Estado.

(798.15)70:12.16  10. La falta de justicia social y económica.

(798.16)70:12.17  11. La unión de la Iglesia y el Estado.

(798.17)70:12.18  12. La pérdida de la libertad personal.

(798.18)70:12.19  Estos son los objetivos y fines de los tribunales constitucionales que actúan en los mundos evolutivos como reguladores de la maquinaria del gobierno representativo.

(799.1)70:12.20  La lucha de la humanidad para perfeccionar el gobierno en Urantia guarda relación con la optimización de los cauces administrativos, con la adaptación de estos a las necesidades presentes siempre cambiantes, con el mejoramiento de la distribución del poder dentro del gobierno y, finalmente, con la selección de unos líderes en el ámbito de la administración que sean verdaderamente sabios. Aunque exista una forma divina e ideal de gobierno, esta no puede ser revelada sino que han de descubrirla lenta y laboriosamente los hombres y mujeres de cada planeta de todos los universos del tiempo y el espacio.

(799.2)70:12.21  [Exposición de un melquisedec de Nebadón.]

# ESCRITO 71: EL DESARROLLO DEL ESTADO

(800.1)71:0.1 El Estado es un valioso avance de la civilización; representa el beneficio de la sociedad tras los estragos y sufrimientos de la guerra. Incluso el arte de gobernar no es sino un método acumulativo de regular la antagónica disputa de fuerzas entre las tribus y las naciones en pugna.

(800.2)71:0.2 El Estado moderno es la institución que sobrevivió a la larga lucha por el poder del grupo. Con el tiempo, el poder superior prevaleció y trajo consigo un ente fáctico —el Estado— junto con el mito moral de la absoluta obligación del ciudadano de vivir y morir por él. Pero el Estado no es de procedencia divina; ni siquiera es fruto de la acción volitiva de la inteligencia humana; es una institución puramente evolutiva y de origen completamente natural[78].

## 1. ETAPA EMBRIONARIA DEL ESTADO

(800.3)71:1.1 El Estado es un organismo de regulación social y territorial, y el Estado más fuerte, más eficaz y perdurable está formado de una sola nación cuya población posee una lengua, unas costumbres y unas instituciones comunes.

(800.4)71:1.2 Los primeros Estados eran pequeños y surgieron todos como consecuencia de las conquistas. No tuvieron su origen en asociaciones voluntarias. Un gran número de ellos se fundaron por conquistadores nómadas, los cuales se abatían sobre pastores pacíficos o sobre agricultores ya establecidos para someterlos y esclavizarlos. Los Estados, que resultaban de las conquistas, estaban, forzosamente, estratificados; las clases eran inevitables, y las luchas de clases sociales siempre se han definido de forma selectiva[79].

(800.5)71:1.3 Las tribus norteñas de hombres rojos americanos nunca lograron una verdadera estructura de Estado. Nunca avanzaron más allá de una confederación poco compacta de tribus, una forma de Estado muy primitiva. La que más cerca estuvo de configurarse como tal fue la federación iroquesa, pero este grupo de seis naciones nunca llegó a ejercer del todo la función de Estado, y no logró subsistir a causa de la ausencia de ciertos elementos esenciales para la vida nacional moderna como las que se indican a continuación:

(800.6)71:1.4 1. La adquisición y herencia de la propiedad privada.

(800.7)71:1.5 2. La existencia de ciudades además de la agricultura y la industria.

(800.8) 71:1.6 3. Animales domésticos de utilidad.

(800.9)71:1.7 4. Una organización familiar efectiva[80]. Los hombres rojos se ceñían a la familia materna y a la herencia del sobrino[81].

(800.10)71:1.8 5. Un territorio concreto.

(800.11)71:1.9 6. Un mandatario jefe fuerte.

(800.12)71:1.10 7. Esclavización de los cautivos —o los adoptaban o los masacraban—.

(800.13)71:1.11 8. Conquistas firmes.

(800.14)71:1.12 Los hombres rojos eran demasiado democráticos; tenían un buen gobierno, pero fracasó. Con el tiempo habrían desarrollado un Estado si no hubiesen tropezado de forma prematura con la civilización más avanzada del hombre blanco, que utilizaba las modalidades de gobierno de los griegos y los romanos.

(801.1)71:1.13 El éxito del Estado romano se basó en:

(801.2)71:1.14 1. La familia paterna[82].

(801.3)71:1.15 2. La agricultura y la domesticación de animales.

(801.4)71:1.16 3. La concentración de la población —las ciudades—.

(801.5)71:1.17 4. La propiedad y la tierra privadas.

(801.6)71:1.18 5. La esclavitud —las clases de ciudadanía—.

(801.7)71:1.19 6. La conquista y reorganización de los pueblos débiles y atrasados.

(801.8)71:1.20 7. Un territorio concreto con carreteras.

(801.9)71:1.21 8. Gobernantes individuales y fuertes.

(801.10)71:1.22 La gran debilidad de la civilización romana, y un factor que contribuyó al definitivo desmoronamiento del imperio, fue la medida, supuestamente reformadora y avanzada, de emancipar a los jóvenes a los veintiún años de edad y de liberar incondicionalmente a las jóvenes para que pudieran casarse con el hombre que eligiesen o ir a otros lugares para darse a la inmoralidad. El daño ocasionado a la sociedad no radicó en estas reformas por sí mismas, sino más bien en la forma repentina y generalizada en la que se adoptaron. La caída de Roma evidencia lo que cabe esperar cuando un Estado se ve sometido a una expansión demasiado rápida acompañada de una decadencia interna.

(801.11)71:1.23 El Estado embrionario fue posible gracias al declive de los vínculos de sangre en favor de los territoriales; y, por lo general, estas federaciones tribales se consolidaron firmemente mediante las conquistas. Aunque, la principal característica del verdadero Estado es una soberanía que trasciende a todas las irrelevantes luchas y discrepancias entre los grupos, todavía persisten en las organizaciones estatales posteriores, como remanentes del pasado, numerosas clases y castas. Los últimos y mayores Estados territoriales sostuvieron prolongados y duros enfrentamientos con estos grupos de clanes consanguíneos más pequeños, resultando de esto la valiosa aportación del gobierno tribal a la transición de la autoridad familiar a la estatal. Algún tiempo después, de los gremios y de otras asociaciones industriales surgieron muchos clanes.

(801.12)71:1.24 El fracaso de la integración del Estado da lugar al retroceso a las condiciones de los métodos de gobierno previos al Estado mismo, tal como el feudalismo de la Europa de la Edad Media. Durante estas épocas de oscurantismo, el Estado territorial colapsó y hubo una vuelta a los grupos pequeños de castillos, a la reaparición de las etapas de desarrollo del clan y la tribu. Existen todavía ahora en Asia y África semiestados, aunque no todos son producto de retrocesos evolutivos; muchos de ellos son núcleos embrionarios de los Estados del futuro.

## 2. EVOLUCIÓN DEL GOBIERNO REPRESENTATIVO

(801.13)71:2.1 La democracia, a pesar de ser un ideal, es fruto de la civilización, no de la evolución. ¡Id despacio!, ¡elegid cuidadosamente!, porque los peligros de la democracia son:

(801.14)71:2.2 1. La glorificación de la mediocridad.

(801.15)71:2.3 2. La elección de gobernantes abyectos e ignorantes.

(801.16)71:2.4 3. La falta de reconocimiento de los hechos esenciales de la evolución social.

(801.17) 71:2.5 4. El peligro del sufragio universal en manos de mayorías sin formación e indolentes.

(801.18) 71:2.6 5. La esclavitud a la opinión pública; la mayoría no siempre tiene la razón.

(802.1)71:2.7 La opinión pública, la opinión común, siempre ha retrasado la sociedad; no obstante, es valiosa porque, aunque demora la evolución social, preserva de hecho la civilización. La educación de la opinión pública es el único método seguro y efectivo de acelerar la civilización; la fuerza es solamente un recurso temporal, y el desarrollo cultural se agilizará cada vez más a medida que las balas den paso a las votaciones. La opinión pública, las costumbres, es el principio generador básico y elemental de la evolución social y el desarrollo del Estado, pero, para que tenga valor de Estado, su expresión no ha de ser violenta.

(802.2)71:2.8 La medida de avance de la sociedad se determina directamente por el grado en el que la opinión pública puede regir el comportamiento personal y la reglamentación estatal sin recurrir a la violencia. El gobierno realmente civilizado apareció cuando se invistió a la opinión pública con las competencias del sufragio personal. Las elecciones populares pueden no tomar siempre decisiones acertadas, pero sí representan la forma correcta incluso de equivocarse. La evolución no produce de inmediato una perfección en grado superlativo síno más bien una adaptación práctica relativa y progresiva.

(802.3)71:2.9 Existen diez pasos, o etapas, que conducen a la evolución de un gobierno representativo práctico y eficiente, a saber:

(802.4)71:2.10 1. *La libertad de la persona.* La esclavitud, la servidumbre y toda forma de cautiverio humano han de desaparecer.

(802.5)71:2.11 2. *La libertad de la mente.* A no ser que se eduque a un pueblo libre—que se le enseñe a pensar de forma inteligente y a planificar con sabiduría— la libertad normalmente hace más mal que bien.

(802.6)71:2.12 3. *El imperio de la ley.* Solo se puede disfrutar de la libertad cuando la voluntad y los caprichos de los dirigentes humanos se reemplazan por disposiciones legislativas en conformidad con unas leyes fundamentales aceptadas.

(802.7)71:2.13 4. *La libertad de expresión.* Es inconcebible un gobierno representativo sin que las aspiraciones y las opiniones humanas puedan expresarse con entera libertad.

(802.8)71:2.14 5. *La seguridad de la propiedad.* Ningún gobierno persiste por mucho tiempo si no prevé el derecho a alguna manera de disfrute de la propiedad personal. El hombre ambiciona tener derecho a usar, gestionar, otorgar, vender, arrendar y legar su propiedad personal.

(802.9)71:2.15 6. *El derecho de petición.* Un gobierno representativo asume el derecho de los ciudadanos a ser escuchados. La prerrogativa de petición es consustancial a la ciudadanía libre.

(802.10)71:2.16  7. *El derecho a gobernar.* No basta con ser escuchados; el poder de la petición debe avanzar hasta la gestión misma del gobierno.

(802.11)71:2.17  8. *El sufragio universal.* El gobierno representativo implica un electorado inteligente, eficiente y universal. La naturaleza de este tipo de gobierno siempre estará determinada por el carácter y la aptitud de aquellos que lo forman. Con el progreso de la civilización, el sufragio, siempre que permanezca universal para ambos sexos, será debidamente modificado, reagrupado y diferenciado de alguna manera.

(802.12)71:2.18  9. *El control de los servidores públicos.* Ningún gobierno civil será útil y eficaz sin que la ciudadanía posea y utilice métodos sensatos de guiar y controlar a los cargos y servidores públicos.

(802.13)71:2.19  10. *Una representación inteligente y capacitada.* La supervivencia de la democracia depende del éxito del gobierno representativo; y esto está supeditado a la práctica de elegir para cargos públicos solamente a aquellas personas que estén específicamente formadas, que sean intelectualmente competentes, socialmente leales y moralmente idóneas. Únicamente siguiendo estas disposiciones podrá subsistir un gobierno del pueblo, por el pueblo y para el pueblo.

# 3. LOS IDEALES DEL ESTADO

(803.1)71:3.1  La forma política o administrativa de un gobierno es irrelevante siempre que proporcione los elementos esenciales del progreso civil: la libertad, la seguridad, la educación y la coordinación social. No se trata de lo que el Estado es sino de lo que hace para influenciar el curso de la evolución social. Y, al fin y al cabo, ningún Estado puede estar por encima de los valores morales de su ciudadanía, tal como sus líderes elegidos ejemplifican. La ignorancia y el egoísmo aseguran la caída hasta del tipo más elevado de gobierno.

(803.2)71:3.2 Por mucho que haya que lamentar, el egoísmo nacional ha sido esencial para la supervivencia social. La doctrina del pueblo elegido ha sido, hasta las épocas modernas, un factor fundamental en la unión de las tribus y en la formación de las naciones. Pero ningún Estado puede alcanzar niveles ideales de operatividad hasta que no logre vencer todas las formas de intolerancia; la cual es sempiternamente hostil al progreso humano. Y la mejor forma de combatir la intolerancia es mediante la coordinación de la ciencia, el comercio, el entretenimiento y la religión.

(803.3)71:3.3 El Estado ideal opera bajo el impulso de tres fuerzas coordinadas y poderosas:

(803.4)71:3.4  1. La lealtad y el cariño derivados de la realización de la hermandad humana.

(803.5) 71:3.5  2. El patriotismo inteligente basado en ideales profundos.

(803.6) 71:3.6  3. La percepción cósmica interpretada en función de los hechos, las necesidades y los objetivos planetarios.

(803.7)71:3.7 Las leyes del estado ideal son poco numerosas, y han dejado a un lado la era negativa de los tabúes para entrar en la era del progreso positivo de la libertad individual como consecuencia de un mejor autocontrol. El Estado de elevado rango no solo compele a sus ciudadanos a trabajar, sino que también les incita a usar de forma provechosa y edificante su creciente tiempo libre, que resulta de su liberación del trabajo agotador gracias al avance de la era de las máquinas. El ocio además de consumir superfluamente ha de ser productivo.

(803.8)71:3.8  Ninguna sociedad llega demasiado lejos en su desarrollo si permite la haraganería o tolera la pobreza. Pero nunca se podrá erradicar la pobreza y la dependencia si se apoya sin reservas a linajes deficientes y en declive degenerativo y se les permite reproducirse sin restricción.

(803.9)71:3.9  Una sociedad moral debe aspirar a salvaguardar la autoestima de su ciudadanía y a proporcionar a toda persona normal suficientes oportunidades para su realización personal. Un plan de logro social de tal índole daría como resultado una sociedad cultural de orden superior. La evolución social se debería alentar por medio de una supervisión de parte del gobierno que ejerza un mínimo de control de regulación. El mejor Estado es aquel que coordina más y gobierna menos.

(803.10)71:3.10  Los ideales del Estado han de alcanzarse mediante la evolución, mediante el crecimiento lento de la conciencia cívica, el reconocimiento de la obligación y el privilegio del servicio social. Tras el fin de la administración de políticos con afán de lucro, los hombres asumen en un principio las cargas del gobierno como un deber, pero más tarde buscan este servicio como un privilegio, como el más grande de los honores. La naturaleza de los ciudadanos que se ofrecen voluntariamente para aceptar las responsabilidades del estado refleja fielmente la categoría de cualquier nivel de civilización.

(803.11)71:3.11  En una verdadera mancomunidad, la tarea de gobernar ciudades y provincias se efectúa de la mano de los expertos y se lleva a cabo como cualquier otra forma de asociaciones comerciales y económicas de personas.

(803.12)71:3.12 En los Estados avanzados, el servicio político se precia como la mayor entrega que la ciudadanía puede dar. La más grande aspiración de los ciudadanos de mayor sabiduría y nobleza es lograr el reconocimiento civil, ser elegidos o designados para algún puesto de confianza en el gobierno, y estos gobiernos otorgan sus máximos honores en reconocimiento por los servicios prestados a sus servidores civiles y sociales. A continuación se conceden honores, en el orden que se menciona, a los filósofos, a los educadores, a los científicos, a los industriales y a los militares. Los padres son debidamente recompensados mediante la excelencia de sus hijos; los líderes puramente religiosos, al ser embajadores del reino espiritual, reciben su verdadera recompensa en otro mundo.

# 4. LA CIVILIZACIÓN EN PROGRESO

(804.1)71:4.1 La economía, la sociedad y el gobierno deben evolucionar si han de perdurar. El estancamiento en un mundo evolutivo es sintomático de decadencia; solo persisten aquellas instituciones que avanzan siguiendo la corriente evolutiva.

(804.2)71:4.2 El programa de una civilización en avance y expansión incluye:

(804.3)71:4.3   1. El mantenimiento de las libertades individuales.

(804.4)71:4.4 2. La protección del hogar.

(804.5)71:4.5 3. El fomento de la seguridad económica[83].

(804.6)71:4.6 4. La prevención de las enfermedades.

(804.7)71:4.7 5. La educación obligatoria.

(804.8)71:4.8 6. El empleo obligatorio.

(804.9)71:4.9 7. El uso provechoso del tiempo libre.

(804.10)71:4.10 8. La asistencia a los desfavorecidos.

(804.11)71:4.11 9. La mejora de la raza humana.

(804.12)71:4.12 10. La promoción de las ciencias y las artes.

(804.13)71:4.13 11. La promoción de la filosofía: la sabiduría

(804.14)71:4.14 12. El aumento de la percepción cósmica: la espiritualidad.

(804.15)71:4.15 Y este progreso en las artes de la civilización lleva directamente a la realización, de parte de los esforzados mortales, de los objetivos humanos y divinos más elevados —la consecución social de la hermandad del hombre y la condición personal de ser consciente de Dios, algo que se manifiesta en el supremo deseo de toda persona de hacer la voluntad del Padre de los cielos—.

(804.16)71:4.16 La aparición de la auténtica fraternidad significa que ha llegado un orden social en el que todos los hombres se complacen en llevar las cargas de los demás; desean realmente practicar la regla de oro. Pero esta sociedad ideal no se puede llevar a cabo mientras que el débil[84] o el malvado estén al acecho para sacar ventaja de manera injusta y nefasta de aquellos que se sienten principalmente movidos por su dedicación al servicio de la verdad, la belleza y la bondad. En una situación así solo existe un camino viable: los seguidores de la "regla de oro" pueden establecer una sociedad progresiva en la que puedan vivir de acuerdo con sus ideales, manteniendo al mismo tiempo una conveniente defensa contra aquellos congéneres sumidos en la ignorancia que podrían tratar o bien de sacar provecho de sus inclinaciones pacíficas o de destruir su civilización en avance.

(804.17)71:4.17 El idealismo nunca puede sobrevivir en un planeta en evolución si los idealistas de cada generación se dejan exterminar por los grupos más innobles de la humanidad. La gran prueba del idealismo es la siguiente: ¿Puede una sociedad avanzada, mantener unos preparativos militares que la proteja de todos los ataques de sus belicosos vecinos sin caer en la tentación de emplear esta fuerza militar en operaciones ofensivas contra otros pueblos para su propio provecho o engrandecimiento nacional? La supervivencia nacional exige un estado de preparación, y solo el idealismo religioso puede impedir que tal preparación se prostituya y se convierta en agresión. Solo el amor, la fraternidad, puede impedir que los fuertes opriman a los débiles.

# 5. EVOLUCIÓN DE LA COMPETITIVIDAD

(805.3)71:5.3 A lo largo de los eras primitivas de cualquier mundo, la competitividad es fundamental en una civilización en progreso. A medida que la evolución del hombre avanza, la cooperación se hace cada vez más eficaz. En las civilizaciones avanzadas, la cooperación es más efectiva que la competitividad. La competitividad estimula al hombre primitivo. La evolución primitiva se caracteriza por la supervivencia de seres biológicamente aptos, pero las civilizaciones siguientes reciben un mayor impulso a través de la cooperación inteligente, la fraternidad comprensiva y la hermandad espiritual.

(805.2)71:5.2 El Estado ideal emprende la regulación de la conducta social solo lo suficiente como para acabar con la violencia de la competitividad individual[85] y evitar la injusticia en la iniciativa personal. He aquí el gran problema del Estado: ¿Cómo se puede garantizar la paz y la calma en la industria, pagar los impuestos para apoyar al poder estatal y, al mismo tiempo, evitar que la tributación obstaculice la industria e impedir que el Estado se convierta en parasitario o tiránico?

(805.3)71:5.3 A lo largo de los eras primitivas de cualquier mundo, la competitividad es fundamental en una civilización en progreso. A medida que la evolución del hombre avanza, la cooperación se hace cada vez más efectiva. En las civilizaciones avanzadas, la cooperación es más eficaz que la competitividad. La competitividad estimula al hombre primitivo. La evolución primitiva se caracteriza por la supervivencia de seres biológicamente aptos, pero las civilizaciones siguientes reciben un mayor impulso a través de la cooperación inteligente, la fraternidad comprensiva y la hermandad espiritual.

(805.4)71:5.4 Es cierto que la competitividad en la industria es sumamente infructuosa y altamente ineficaz, pero no se debe favorecer ningún intento por erradicar esta acción que conlleva perjuicios económicos, si tales ajustes comportan incluso la más leve supresión de cualquiera de las libertades individuales básicas.

# 6. EL ÁNIMO DE LUCRO

(805.5)71:6.1 En nuestros días, una economía motivada por el ánimo de lucro está abocada al fracaso a no ser que adquiera una dimensión de servicio. Una competencia despiadada cuya base radique en un interés personal de estrechas miras destruye, en última instancia, todo aquello que trata de mantener. El afán exclusivo de lucro e interés propio es incompatible con los ideales cristianos, y lo es mucho más con las enseñanzas de Jesús.

(805.6)71:6.2 En la economía, el ánimo de lucro es para la motivación al servicio lo que el temor es para el amor en la religión. Pero el afán de lucro no debe eliminarse o erradicarse de forma repentina; mantiene trabajando arduamente a numerosos mortales que de otra forma se darían a la holgazanería. No es preciso, sin embargo, que los objetivos de este impulsor del vigor social tengan siempre un carácter interesado.

(805.7)71:6.3 El ánimo de lucro en las actividades económicas es deleznable por completo y totalmente indigno de un orden avanzado de sociedad; no obstante, es un factor indispensable durante las primeras fases de la civilización. No se debe despojar a los hombres de esta motivación al beneficio propio hasta que no posean claramente unos fines sin ánimo de lucro de orden superior en sus aspiraciones económicas y servicio social —el impulso trascendente que parte de una sabiduría en grado sumo, de una fascinante hermandad y de un magnífico logro espiritual—.

# 7. LA EDUCACIÓN

(806.1)71:7.1 El Estado perdurable se fundamenta en la cultura, se rige por los ideales y está motivado por el servicio. El propósito de la educación debe ser la adquisición de destrezas, la búsqueda de la sabiduría, la realización de sí mismo y el logro de valores espirituales.

(806.2)71:7.2 En el Estado ideal, la educación continúa durante toda la vida, y la filosofía se convierte en algún momento en el principal afán de sus ciudadanos. Los ciudadanos de este orden de comunidad emprenden la búsqueda de la sabiduría para mejorar su percepción del sentido de las relaciones humanas, de los significados de la realidad, de la nobleza de los valores, de los objetivos de la vida y de las glorias del destino cósmico.

(806.3)71:7.3 Los urantianos deben adquirir el concepto de una sociedad cultural nueva y superior. La educación dará el salto a unos nuevos niveles de valor cuando desaparezca el sistema económico exclusivamente motivado por el afán de lucro. Durante demasiado tiempo, la educación ha sido localista, militarista, ha exaltado el ego y procurado el éxito; con el tiempo, se ha de convertir en global, idealista, impulsora del desarrollo personal y la aprehensión cósmica.

(806.4)71:7.4 No hace mucho que la educación pasó del control del clero al de los abogados y los hombres de negocios. Algún día se deberá entregar a los filósofos y a los científicos. Los maestros deben ser seres libres, verdaderos líderes, con el fin de que la filosofía, la búsqueda de la sabiduría, pueda convertirse en el principal propósito de la educación.

(806.5)71:7.5 La educación es una tarea de por vida, y ha de continuar a lo largo de toda ella para que la humanidad pueda, de forma gradual, vivenciar los niveles ascendentes de la sabiduría humana, los cuales son:

(806.6)71:7.6 1. El conocimiento de las cosas.

(806.7)71:7.7 2. La comprensión de los significados.

(806.8)71:7.8 3. La apreciación de los valores.

(806.9)71:7.9 4. La nobleza del trabajo: el deber.

(806.10)71:7.10 5. La motivación de los objetivos: la moralidad.

(806.11)71:7.11 6. El amor al servicio: el carácter.

(806.12)71:7.12 7. La percepción cósmica: el discernímiento espiritual.

(806.13)71:7.13 Y entonces, por medio de estos logros, muchos ascenderán hasta la postrera consecución mental humana: ser conscientes de Dios.

# 8. NATURALEZA DEL ESTADO

(806.14)71:8.1 El único rasgo sagrado de cualquier gobierno humano es la división del Estado en ámbitos: la función ejecutiva, la legislativa y la judicial. El universo se administra de acuerdo con este sistema de separación de funciones y de autoridad. Al margen de este concepto divino en cuanto a una eficiente regulación social o gobierno civil, poco importa qué forma de Estado pueda elegir el pueblo a condición de que la ciudadanía continúe progresando hacia la meta de un mayor autocontrol y servicio social. La perspicacia intelectual, el juicio económico, la habilidad social y la fuerza moral de un pueblo se reflejan todas fielmente en el Estado.

(806.15)71:8.2 La evolución del Estado conlleva el progreso de un nivel a otro, tal como se indica a continuación:

(806.16)71:8.3 1. La creación de un gobierno triple compuesto de las ramas ejecutiva, legislativa y judicial.

(806.17)71:8.4 2. La libertad de las actividades sociales, políticas y religiosas.

(807.1)71:8.5 3. La abolición de todas las formas de esclavitud y cautiverio humanos.

(807.2)71:8.6 4. La posibilidad de la ciudadanía de controlar la recaudación de impuestos.

(807.3)71:8.7   5. El establecimiento de una educación universal: prolongación del aprendizaje desde la cuna hasta la tumba.

(807.4)71:8.8 6. El ajuste adecuado entre los gobiernos locales y el nacional.

(807.5)71:8.9 7. El fomento de la ciencia y la victoria sobre las enfermedades.

(807.6)71:8.10 8. El debido reconocimiento de la igualdad de los sexos y el funcionamiento coordinado de hombres y mujeres en el hogar, la escuela y la iglesia, con servicios especializados de las mujeres en la industria y en el gobierno.

(807.7)71:8.11 9. La eliminación del trabajo duro esclavizante por la invención de las máquinas y el consecuente dominio de la mecanización.

(807.8)71:8.12 10. La conquista de los dialectos: el triunfo de una lengua universal.

(807.9)71:8.13   11. El fin de las guerras: resolución internacional de las diferencias nacionales y raciales por parte de los tribunales continentales de las naciones presididos por un tribunal supremo planetario reclutado exclusivamente de los presidentes, jubilados periódicamente, de los órganos jurisdiccionales continentales. Los tribunales continentales son potestativos; la corte mundial tiene carácter consultivo: moral.

(807.10)71:8.14 12. La tendencia mundial de la búsqueda de la sabiduría: la exaltación de la filosofía. La evolución de una religión mundial, que anunciará la entrada del planeta en las tempranas fases de su asentamiento en luz y vida.

(807.11)71:8.15 Estas son las condiciones previas de un gobierno de carácter progresivo y los rasgos del Estado ideal. Urantia está lejos de la consecución de estos elevados ideales, pero las razas civilizadas han comenzado el camino —la humanidad avanza hacia destinos evolutivos de un orden superior—.

(807.12)71:8.16 [Auspiciado por un melquisedec de Nebadón.]

# ESCRITO 72: EL GOBIERNO DE UN PLANETA VECINO

(808.1)72:0.1 Con el permiso de Lanaforge y con la aprobación de los altísimos de Edentia, dispongo de autorización para narrar algunos aspectos de la vida política, moral y social de la más avanzada raza humana que habita en un planeta no muy lejano, perteneciente al sistema de Satania.

(808.2)72:0.2 De todos los mundos de Satania que quedaron aislados por su participación en la rebelión de Lucifer, este planeta es el que presenta una historia más similar a la de Urantia. El parecido entre ambas esferas es lo que sin duda explica la razón por la que se concedió el permiso para llevar a cabo esta extraordinaria exposición, pues resulta de lo más inusual que los gobernantes del sistema den su consentimiento a que se narren en un planeta los asuntos de otro.

(808.3)72:0.3 Este planeta, al igual que Urantia, se descarrió a consecuencia de la deslealtad de su príncipe planetario con motivo de la rebelión de Lucifer. Recibió a un hijo material poco tiempo después de que Adán llegara a Urantia, y este hijo también incumplió su deber, dejando la esfera aislada, al no haberse nunca otorgado a sus razas mortales un hijo magistrado

## 1. LA NACIÓN CONTINENTAL

(808.4)72:1.1 Al margen de estos obstáculos planetarios, en un continente aislado, aproximadamente del tamaño de Australia, está evolucionando una civilización muy superior. Esta nación cuenta con unos 140 millones de habitantes. Su población es de una raza mixta, predominantemente azul y amarilla; tienen una proporción algo mayor de violeta que la llamada raza blanca de Urantia. Estas diferentes razas aún no se han mezclado por completo, pero confraternizan y se relacionan entre sí de forma muy satisfactoria. La duración media de vida en este continente es ahora de noventa años, un quince por ciento más elevada que la de cualquier otra población del planeta.

(808.5)72:1.2   El entramado industrial[86] de esta nación goza ciertamente de grandes ventajas gracias a las peculiaridades de la topografía del continente. Las altas montañas, sobre las que se precipitan intensas lluvias durante ocho meses del año, están situadas en el centro mismo del país. Esta disposición natural favorece el aprovechamiento de la energía hidráulica y facilita en gran medida el regadío de la cuarta parte occidental del continente, de mayor aridez.

(808.6)72:1.3   Este población es autosuficiente, es decir, puede vivir por tiempo indefinido sin importar nada de las naciones que le rodean. Está bien provista de recursos naturales y, mediante métodos científicos[87], han aprendido cómo suplir sus carencias en cuanto a elementos esenciales para la vida. Gozan de un activo comercio interno[88], pero tienen poco comercio exterior a causa de la generalizada hostilidad de sus vecinos menos avanzados.

(808.7)72:1.4   En líneas generales, esta nación continental ha seguido la tendencia evolutiva planetaria: la evolución desde la etapa tribal hasta la aparición de mandatarios y reyes poderosos duró miles de años. A los monarcas absolutos le sucedieron muchos tipos distintos de gobierno: repúblicas fallidas, Estados comunales y dictadores que iban y venían de forma frecuente e interminable. Este desarrollo continuó hasta hace unos quinientos años cuando, durante un período políticamente agitado, uno de los poderosos dictadores-triunviros de la nación cambió de parecer. Se ofreció a abdicar de forma voluntaria bajo la condición de que uno de los otros dos soberanos, el más abyecto de ellos, renunciara también a su dictadura. Así fue como la soberanía del continente quedó en manos de un solo dirigente. El estado, unificado, progresó bajo un fuerte gobierno monárquico durante más de cien años, periodo en el que se elaboró un magistral estatuto de libertades.

(809.1)72:1.5 La posterior transición de la monarquía a la forma representativa de gobierno se produjo de forma gradual; los reyes permanecieron como meras figuras sociales o sentimentales, para luego desaparecer al extinguirse la línea masculina de descendencia. La actual república lleva vigente solo doscientos años, tiempo durante el que ha habido un avance continuo hacia métodos de gobierno que se describen a continuación; ha sido durante la década pasada cuando han ocurrido los últimos desarrollos en los ámbitos político e industrial.

# 2. ORGANIZACIÓN POLÍTICA

(809.2)72:2.1 Actualmente, esta nación continental tiene un gobierno representativo cuya capital nacional está centralmente localizada. El gobierno central está formado por una gran federación de cien Estados relativamente libres. Dichos Estados eligen a sus gobernadores y legisladores por un período de diez años, y ninguno se puede considerar para la reelección. Los gobernadores nombran a los jueces estatales con carácter vitalicio, y son sus asambleas legislativas, que constan de un representante por cada cien mil ciudadanos, los que los confirman en sus cargos.

(809.3)72:2.2 Existen cinco tipos diferentes de gobiernos metropolitanos, dependiendo del tamaño de la ciudad, pero a ninguna ciudad se le permite tener más de un millón de habitantes. En su conjunto, estos sistemas de gobiernos municipales son muy sencillos, directos y económicos. Los pocos puestos existentes en la gestión administrativa urbana son muy codiciados por los ciudadanos de mayor preeminencia.

(809.4)72:2.3 El gobierno federal consta de tres divisiones igualitarias: ejecutiva, legislativa y judicial. El mandatario federal en jefe se elige cada seis años por sufragio universal territorial, y no puede acogerse a la reelección salvo por petición de setenta y cinco asambleas legislativas estatales con la aceptación de sus respectivos gobernadores estatales; y, en tal caso, solo por un mandato más. Tiene el asesoramiento de un gabinete de elevado rango compuesto por todos los exmandatarios en jefe existentes.

(809.5)72:2.4 La división legislativa engloba tres cámaras:

(809.6)72:2.5 1. *La cámara alta*: elegida por grupos de trabajadores industriales[89], trabajadores profesionales cualificados[90], trabajadores agrícolas[91] o de cualquier otro tipo; la votación se efectúa con arreglo a su actividad económica.

(809.7)72:2.6 2. *La cámara baja*: elegida por determinadas organizaciones de la sociedad que abarcan grupos sociales, políticos y filosóficos, no incluidos los industriales ni los profesionales cualificados. Todos los ciudadanos de buena reputación participan en la elección de ambas clases de representantes, pero se agrupan de forma diferente según la elección corresponda a la cámara alta o a la baja.

(809.8)72:2.7 3. *La tercera cámara* —los ancianos estadistas—: abarca a los veteranos del servicio cívico e incluye a muchas personas ilustres nombradas por el jefe del ejecutivo, por los mandatarios regionales (subfederales), por el jefe del tribunal supremo y por los líderes de una u otra cámara legislativa. El límite de integrantes de este grupo es de cien, los cuales se eligen mediante la decisión mayoritaria de los mismos ancianos estadistas. El nombramiento es vitalicio y, cuando se generan vacantes, está previsto que se elija de entre los candidatos al que más votos reciba. La competencia de este órgano es de carácter puramente consultivo, si bien, es un poderoso regulador de la opinión pública y ejerce una gran influencia sobre todas las ramas del gobierno.

(810.1)72:2.8 Una gran parte del trabajo de la administración federal lo llevan a cabo los diez organismos regionales (subfederales), que están compuestos, cada cual, de la asociación de diez Estados. Estas divisiones regionales tienen carácter enteramente ejecutivo y administrativo; no tienen funciones ni legislativas ni judiciales. El jefe federal del ejecutivo nombra personalmente a los diez mandatarios regionales, cuya duración en el cargo —seis años — coincide con la suya. El tribunal supremo federal aprueba el nombramiento de estos diez mandatarios regionales y, aunque no se pueden volver a nombrar, el mandatario saliente se convierte automáticamente en el asociado y asesor de su sucesor. Por otro lado, estos jefes regionales escogen a sus propios gabinetes de funcionarios de la administración.

(810.2)72:2.9 En esta nación se justicia se administra por medio de dos sistemas principales de tribunales: los tribunales de justicia y los tribunales socioeconómicos. Los tribunales de justicias operan en los tres siguientes niveles:

(810.3)72:2.10 1. *Los tribunales menores* de jurisdicción local y municipal, cuyas decisiones pueden recurrirse ante los altos tribunales estatales.

(810.4)72:2.11 2. *Los tribunales supremos estatales* cuyas resoluciones son definitivas en todas las cuestiones que no conciernan al gobierno federal o que pongan en peligro los derechos y libertades de la ciudadanía. Los mandatarios regionales están facultados para llevar de inmediato cualquier caso ante el tribunal supremo federal.

(810.5)72:2.12 3. *El tribunal supremo federal* —el alto tribunal para la resolución de litigios nacionales y los casos de apelación procedentes de los tribunales estatales—. Este tribunal supremo está formado por doce hombres mayores de cuarenta años y menores de setenta y cinco que hayan servido durante dos o más años en un tribunal estatal, y que hayan sido nombrados para este alto cargo por el mandatario en jefe con la aprobación mayoritaria del gabinete de elevado rango y de la tercera cámara de la asamblea legislativa. Todas las decisiones que este órgano judicial supremo toma precisan al menos de dos tercios de los votos.

(810.6)72:2.13 Los tribunales socioeconómicos operan en las siguientes tres secciones:

(810.7)72:2.14 1. *Los tribunales parentales*, relacionados con las divisiones legislativa y ejecutiva del sistema familiar y social.

(810.8)72:2.15 2. *Los tribunales educacionales*: organismos jurídicos vinculados con los sistemas escolares estatales y regionales y relacionados con las ramas ejecutiva y legislativa del régimen administrativo de la educación.

(810.9)72:2.16 3. *Los tribunales industriales*: tribunales jurisdiccionales revestidos de plena autoridad para la resolución de todos los desencuentros de carácter económico.

(810.10)72:2.17 El tribunal supremo federal no dicta resolución sobre los casos socioeconómicos excepto con el pronunciamiento de las tres cuartas partes de los votos de la tercera rama legislativa del gobierno nacional, la cámara de los ancianos estadistas. De otro modo, todas las decisiones de los tribunales superiores parentales, educacionales e industriales son definitivas.

# 3. LA VIDA FAMILIAR

(811.1)72:3.1 En este continente va contra la ley que dos familias vivan bajo el mismo techo. Y puesto que las viviendas comunales se han declarado ilegales, la mayoría de los edificios de viviendas se han demolido, aunque los solteros siguen viviendo en clubes, hoteles y otras residencias comunales. La parcela más pequeña de suelo que se permite para el emplazamiento de los hogares ha de tener unos cuatro mil seiscientos metros cuadrados. Todo el terreno y otras propiedades usados para fines domésticos están exentos de impuestos hasta diez veces por encima de la asignación mínima de suelo previsto para dicho emplazamiento.

(811.2)72:3.2 Durante el último siglo, la vida familiar de la población ha mejorado notablemente. Los padres de familia, tanto el padre como la madre, tienen obligatoriamente que asistir a las escuelas de puericultura para padres. Incluso los agricultores que residen en pequeños núcleos rurales llevan a cabo esta tarea por correspondencia, desplazándose a los centros cercanos para recibir instrucción oral una vez cada diez días; esto es, cada dos semanas, puesto que su semana es de cinco días.

(811.3)72:3.3 Cada familia tiene un promedio de cinco hijos, que están bajo la plena autoridad de los padres o, en caso del fallecimiento de uno de ellos o de ambos, bajo la de los tutores designados por los tribunales parentales. Para cualquier familia representa un gran honor conseguir la tutela de un huérfano de padre y madre. Los padres han de competir entre ellos, y se otorga el huérfano al hogar de quienes demuestren mejores aptitudes como padres.

(811.4)72:3.4 Estas personas consideran el hogar como la institución esencial de su civilización. Se exige que los hijos reciban, en el hogar, de sus padres, la parte más valiosa de su educación y la formación de su carácter; y los padres dedican casi tanta atención a la crianza del hijo como las madres.

(811.5)72:3.5 Son los padres o los tutores legales los que imparten en el hogar la educación sexual. Los maestros ofrecen la formación moral durante los períodos de descanso en los talleres escolares, pero no ocurre así con la enseñanza religiosa, que se considera un privilegio exclusivo de los padres; la religión se percibe como parte integrante de la vida familiar. La instrucción puramente religiosa solo se imparte públicamente en los templos de la filosofía; en este país no se han desarrollado instituciones exclusivamente religiosas como las iglesias de Urantia. En su filosofía, la religión es el afán de conocer a Dios y de manifestar, mediante el servicio, el amor a sus semejantes, pero esto no es lo habitual del carácter religioso de las otras naciones de este planeta. En esta sociedad, la religión es una cuestión tan enteramente familiar que no existen lugares públicos dedicados de modo exclusivo a las reuniones religiosas. Políticamente, la Iglesia y el Estado, como los urantianos suelen decir, están totalmente separados, pero existe un extraño solapamiento entre la religión y la filosofía.

(811.6)72:3.6 Hasta hace veinte años, los maestros espirituales (equiparables a los pastores religiosos de Urantia) que visitan a cada familia de forma periódica para valorar a los niños y comprobar si sus padres les han dado la debida formación, estaban bajo la supervisión del gobierno. Estos asesores y evaluadores espirituales están ahora bajo la dirección de la recién creada Fundación del Progreso Espiritual, una institución apoyada por contribuciones voluntarias. Posiblemente, esta institución no continúe desarrollándose después de la llegada de un hijo magistrado del Paraíso.

(811.7)72:3.7 Los niños permanecen legalmente sujetos a sus padres hasta que tienen quince años de edad, momento en el que tiene lugar la primera iniciación a las responsabilidades cívicas. A continuación, cada cinco años y durante cinco periodos consecutivos, se llevan a cabo ejercicios públicos similares para estos grupos de edades en los que se reducen sus obligaciones hacia los padres, a la par que asumen nuevas responsabilidades cívicas y sociales para con el Estado. El derecho al voto se concede a los veinte años de edad, el derecho a contraer matrimonio sin consentimiento de los padres no se otorga hasta los veinticinco años de edad y los hijos tienen que abandonar el hogar paterno al cumplir los treinta.

(812.1)72:3.8 En toda la nación existe una legislación común sobre el matrimonio y el divorcio. El matrimonio no está permitido antes de cumplir los veinte años —la edad de la emancipación civil—. El permiso para casarse se concede solamente tras haber notificado la intención de hacerlo con un año de antelación, y después de que tanto el novio como la novia hayan presentado las certificaciones acreditativas de que han recibido la debida instrucción en las escuelas de padres sobre las responsabilidades de la vida matrimonial.

(812.2)72:3.9 Las estipulaciones sobre el divorcio son algo flexibles, pero las sentencias de separación, que dictan los tribunales parentales, no se pueden obtener hasta un año después de haberse presentado la solicitud, y el año de este planeta es mucho más largo que el de Urantia. No obstante, a pesar de que las leyes que regulan los divorcios son permisivas, la tasa actual de estos es únicamente la décima parte de la de las razas civilizadas de Urantia.

# 4. EL SISTEMA EDUCATIVO

(812.3)72:4.1 El sistema educativo de esta nación es obligatorio y mixto en las escuelas preuniversitarias, a las que los estudiantes asisten desde los cinco hasta los dieciocho años de edad. Estas escuelas difieren enormemente de las de Urantia. No hay aulas, se cursa una sola materia cada vez y, tras los primeros tres años, todos los alumnos se convierten en maestros auxiliares, instruyendo a aquellos que están por debajo de ellos. Solo se usan los libros para obtener información que ayude a resolver los problemas que se planteen en los talleres y en las granjas escolares. En estos talleres escolares se fabrica una gran parte del mobiliario utilizado en el continente al igual que muchos artefactos mecánicos —se está en la gran era de la invención y de la mecanización—. Junto a cada taller, hay una biblioteca laboral donde el alumno puede encontrar los libros de consulta que necesite. Se imparte también Agricultura y Horticultura durante todo el período educativo en amplias granjas colindantes con cada una de las escuelas locales.

(812.4)72:4.2 A las personas con deficiencia mental[92] se les forma solamente en la agricultura y en la ganadería, y se les confinan de por vida en colonias especiales custodiadas en las que se les separa por sexo para evitar la procreación, que se niega a aquellos de capacidad intelectual inferior a la normalidad. Estas medidas restrictivas llevan en funcionamiento setenta y cinco años; son los tribunales parentales los que dictan los mandatos de confinamiento.

(812.5)72:4.3 Todos disfrutan de un mes de vacaciones al año. Las escuelas preuniversitarias operan nueve de los diez meses de los que se compone el año; las vacaciones se utilizan para viajar con los padres o con los amigos. Estos viajes forman parte del programa de educación de adultos y continúan a lo largo de toda la vida; los fondos para sufragar este tipo de gastos se reúnen del mismo modo que los que se emplean para el seguro de vejez.

(812.6)72:4.4 Una cuarta parte del periodo escolar se dedica al deporte —al atletismo competitivo—; los estudiantes compiten avanzando, en pruebas de destreza y valor, desde el nivel local hasta el nacional, pasando por el regional y el estatal. Asimismo, los certámenes de oratoria y música, al igual que los de ciencia y filosofía, ocupan la atención de los estudiantes desde los niveles inferiores hasta aquellos que conllevan honores a nivel nacional.

(812.7)72:4.5 El gobierno de la escuela es una réplica del gobierno nacional con sus tres ramas correlacionadas; al personal docente le corresponde la división tercera o legislativa y consultiva. En este continente, el objetivo fundamental de la educación es hacer de cada uno de los alumnos un ciudadano autosuficiente.

(813.1)72:4.6 Todos los jóvenes que se gradúan del sistema escolar preuniversitario a los dieciocho años de edad son expertos artesanos. Comienza entonces el estudio de los libros y la adquisición de conocimientos especiales, ya sea en las escuelas de adultos o en las universidades. Cuando un alumno brillante completa sus estudios antes de lo programado, se le premia con tiempo y medios para que pueda elaborar su propio proyecto personal. Todo el sistema educativo está diseñado para formar adecuadamente al estudiante.

# 5. ORGANIZACIÓN INDUSTRIAL

(813.2)72:5.1 La situación industrial de este país dista mucho de sus propios ideales; el capital y la mano de obra tienen todavía sus conflictos, pero ambos se están adecuando al plan de cooperación sincera. En éste singular continente, cada vez más, los trabajadores van convirtiéndose en accionistas de todas las empresas industriales; y, paulatinamente, todo trabajador inteligente se va volviendo un pequeño capitalista.

(813.3)72:5.2 Los antagonismos sociales están disminuyendo y la buena voluntad está aumentando rápidamente. No ha sobrevenido ningún problema económico grave como consecuencia de la abolición de la esclavitud (ocurrida hace más de cien años), ya que esta modificación se efectuó de modo gradual mediante la liberación, cada año, del dos por ciento de los esclavos. A aquellos que pasaron satisfactoriamente las pruebas físicas, mentales y morales se les otorgó la ciudadanía; una gran parte de estos esclavos más dotados eran prisioneros de guerra o hijos de ellos. Hace unos cincuenta años que deportaron al último de sus esclavos menos dotados, e incluso, en fechas más recientes, están acometiendo la tarea de reducir el número de las clases en declive degenerativo y depravadas.

(813.4)72:5.3 Estas personas han desarrollado recientemente nuevas prácticas para afrontar las desavenencias en al ámbito industrial y para corregir los abusos económicos, que representan una notable mejora frente a los antiguos métodos de resolución de dichos problemas. Se ha prohibido la violencia como procedimiento para solucionar las discrepancias personales o industriales. Los salarios, los beneficios y otras cuestiones económicas no están estrictamente regulados, pero son los órganos legislativos de asuntos industriales los que los rigen generalmente, mientras que todas las disputas que surgen de la industria se resuelven en los tribunales industriales.

(813.5)72:5.4 Los tribunales industriales llevan existiendo desde hace solamente treinta años, pero operan de manera muy satisfactoria. En su desarrollo más reciente se dispone que, en lo sucesivo, dichos tribunales deberán reconocer que las remuneraciones legales se contemplen en tres apartados:

(813.6)72:5.5 1. Tipos legales de interés sobre el capital invertido.

(813.7)72:5.6 2. Salarios razonables por la destreza empleada en las operaciones industriales.

(813.8)72:5.7 3. Remuneraciones justas y equitativas por el trabajo.

(813.9) 72:5.8 Estas remuneraciones se satisfarán primeramente de acuerdo a un contrato, o ante una disminución de los beneficios compartirán proporcionalmente una reducción transitoria. Y, a partir de entonces, todos los beneficios que excedan estos gastos fijos se considerarán como dividendos y se prorratearán entre estos tres apartados: capital, destreza y trabajo.

(813.10)72:5.9 Cada diez años, los mandatarios regionales ajustan y establecen las horas legales diarias de trabajo remunerado. En este momento, la industria opera con arreglo a una semana de cinco días, cuatro de trabajo y uno de esparcimiento. Estas personas tienen jornadas laborales de seis horas al día y, como los estudiantes, durante los nueve meses de los diez que tiene el año. Habitualmente, disfrutan sus vacaciones viajando y, como muy recientemente se han desarrollado nuevos métodos de transporte, la nación entera es propensa a viajar. El clima favorece los viajes unos ocho meses al año, y sacan el máximo de provecho de sus posibilidades.

(813.11)72:5.10 Hace doscientos años la industria estaba completamente dominada por el afán de lucro, pero hoy en día este está siendo rápidamente desplazado por otras fuerzas impulsoras de orden superior. En este continente existe una viva competitividad, pero se ha transferido gran parte de ella de la industria al deporte, a la especialización, al logro científico y al desarrollo intelectual. Sigue bastante activa en los servicios sociales y en la lealtad al gobierno. En este país, el servicio público se está convirtiendo con celeridad en el objetivo fundamental de sus aspiraciones. El hombre más rico del continente trabaja seis horas al día en el despacho de su taller mecánico y luego se apresura hacia la sede local de la escuela de estadistas, en la que intenta cumplir los requisitos exigidos para el servicio público.

(814.1)72:5.11 El trabajo se está volviendo cada vez más respetable en este continente, y todos los ciudadanos sanos de más de dieciocho años de edad trabajan o bien en casa y en granjas, en alguna empresa reconocida, en las obras públicas que dan ocupación a los desempleados temporales o en el colectivo de obreros obligatorios de las minas.

(814.2)72:5.12 Estas personas están también comenzando a albergar una nueva forma de repulsión social —repulsión hacia la ociosidad al igual que hacia la riqueza inmerecida—. De forma lenta pero decidida, están conquistando a sus máquinas. Hace tiempo, ellos también lucharon por la libertad política y, posteriormente, por la libertad económica. Están ahora comenzando a disfrutar de ambas a la par que aprecian su bien merecido ocio, que se puede dedicar al desarrollo de su realización personal.

# 6. EL SEGURO DE VEJEZ

(814.3)72:6.1 Esta nación está haciendo un decidido esfuerzo por reemplazar el tipo de caridad que destruye la autoestima con una cobertura gubernamental digna que garantice la seguridad en la vejez. Aquí se proporciona educación a todos los niños y trabajo a todos los hombres, por lo que puede llevar a buen término tal sistema de seguros para proteger a los enfermos y a los ancianos.

(814.4)72:6.2 Todas las personas de esta nación deben jubilarse y cesar cualquier actividad remunerada a los sesenta y cinco años de edad, a menos que obtengan un permiso del comisario estatal de trabajo que les autorice a seguir en activo hasta los setenta años. Este límite de edad no afecta a los funcionarios públicos ni a los filósofos. Los discapacitados físicos o con invalidez permanente pueden acceder a la jubilación a cualquier edad, mediante un mandamiento judicial refrendado por el comisario de pensiones del gobierno regional.

(814.5)72:6.3 Los fondos para las pensiones de jubilación proceden de cuatro recursos económicos:

(814.6)72:6.4 1. De las remuneraciones de un día al mes, que el gobierno federal deduce para estos fines, en un país donde todos trabajan.

(814.7)72:6.5 2. De los legados: muchos ciudadanos adinerados dejan fondos para este propósito.

(814.8)72:6.6 3. De los ganancias de los trabajos obligatorios en las minas estatales. Una vez que los trabajadores que han sido reclutados forzosamente tienen para su propio sustento y han reservado la cuota para su jubilación, entregan todo el beneficio excedente que resulta de su trabajo a este fondo de pensión.

(814.9)72:6.7 4. De los ingresos por los recursos naturales. El gobierno federal es el depositario social de todas las riquezas naturales del continente, y los ingresos que se derivan se utilizan para fines sociales, tales como la prevención de enfermedades, la educación de los superdotados y los gastos de personas especialmente prometedoras que atienden las escuelas de estadistas. La mitad de los ingresos provenientes de los recursos naturales se destinan al fondo de pensiones de jubilación.

(814.10)72:6.8 Aunque las fundaciones de actuarios[93] estatales y regionales proporcionan muchas formas de seguros de protección, es el gobierno federal, a través de sus diez departamentos regionales, el que gestiona las pensiones de jubilación.

(814.11)72:6.9 Desde hace mucho tiempo se han gestionado estos fondos públicos con honradez. Después de la traición y el asesinato, los castigos más severos que imponen los tribunales están relacionados con la traición a las responsabilidades públicas. Hoy en día, se considera la deslealtad social y política como el más atroz de todos los delitos.

# 7. EL SISTEMA TRIBUTARIO

(815.1)72:7.1 El gobierno federal es paternalista únicamente en la gestión de las pensiones de jubilación y el fomento del talento y la originalidad creativa; los gobiernos estatales se preocupan algo más del ciudadano individual, mientras que los gobiernos locales son mucho más paternalistas o socialistas. El gobierno metropolitano (o alguna subdivisión de esta) se ocupa de asuntos como la salud, el saneamiento, la normativa en materia de construcción, el embellecimiento urbano, el suministro de agua, el alumbrado, la calefacción, el ocio, la música y la comunicación.

(815.2)72:7.2 En todo el ámbito industrial se presta una atención primordial a la salud; ciertas facetas del bienestar físico se consideran como prerrogativas industriales y comunitarias, pero los problemas de salud a nivel individual y familiar son asuntos de interés estrictamente personal. En la medicina, como en todos las demás cuestiones exclusivamente personales, el plan del gobierno es abstenerse, cada vez más, de intervenir.

(815.3)72:7.3 Las ciudades carecen de poder tributario, ni tampoco pueden endeudarse. Perciben prestaciones per cápita de la tesorería del estado y han de complementar estos ingresos con las ganancias de sus empresas de dominio público y con el cobro de licencias para la realización de diferentes actividades comerciales.

(815.4)72:7.4 Es el municipio el que gestiona las instalaciones de transporte rápido, que facilitan enormemente la ampliación de los límites de la ciudad. Las fundaciones de prevención de incendios y de seguros sufragan los departamentos de bomberos de la ciudad, y todos los edificios, ya sean de la ciudad o del entorno rural, están a prueba de incendios —lo han estado desde hace más de setenta y cinco años—.

(815.5)72:7.5 Los municipios no nombran a los agentes del orden público; son los gobiernos estatales los que gestionan las fuerzas policiales. Este cuerpo se recluta casi por entero de entre los varones no casados de veinticinco a cincuenta años de edad. La mayoría de los Estados imponen a los solteros una fuerte presión tributaria, que se condona a todos los hombres que ingresan en la policía estatal. En el Estado medio, la fuerza policial es solo una décima parte de lo que era hace cincuenta años.

(815.6)72:7.6 Existe muy poca o ninguna homogeneidad entre los sistemas tributarios de los cien estados relativamente libres y soberanos, ya que las condiciones económicas y de otro tipo varían considerablemente en los diferentes sectores del continente. Cada estado tiene diez disposiciones constitucionales fundamentales que no son alterables salvo mediante la autorización del tribunal supremo federal, y uno de sus artículos impide aplicar un gravamen que exceda el uno por ciento anual del valor de cualquier propiedad, quedando exenta aquella destinada al emplazamiento del hogar, sea urbano o rural.

(815.7)72:7.7 El gobierno federal no puede endeudarse, y se requiere un referéndum con una mayoría de las tres cuartas partes de los votos para que un Estado pueda conseguir un préstamo, exceptuando que sea para fines bélicos. Puesto que el gobierno federal no puede contraer deudas, en caso de guerra el Consejo Nacional de Defensa está facultado para exigir un impuesto a los Estados, al igual que hombres y material, según se precisen. Pero ninguna puede dejarse sin saldar durante más de veinticinco años.

(815.8)72:7.8 Los ingresos para sufragar al gobierno federal proceden de los cinco recursos económicos siguientes:

(815.9)72:7.9   1. *De los derechos de importación.* Todas las importaciones están sujetas a un arancel destinado a velar por el nivel de vida de este continente, que está muy por encima del de cualquier otra nación del planeta. El más alto tribunal industrial establece estos aranceles una vez que las dos cámaras del congreso industrial han ratificado las recomendaciones del jefe ejecutivo de asuntos económicos, que es la persona designada conjuntamente por estos dos órganos legislativos. Los trabajadores eligen la cámara industrial superior y, el capital, la baja.

(816.1)72:7.10  2. *De los derechos de autor.* El gobierno federal apoya la invención y las creaciones originales en diez laboratorios regionales, ayudando a todo tipo de genios —artistas, autores y científicos— y protegiendo sus patentes. A cambio, el gobierno retiene la mitad de los beneficios obtenidos de todos estos inventos y creaciones, ya se refieran a maquinas, libros, arte, plantas o animales.

(816.2)72:7.11   3. *Del impuesto de sucesiones.* El gobierno federal grava un impuesto escalonado sobre la herencia que oscila entre el uno y el cincuenta por ciento, dependiendo de la cuantía del patrimonio así como de otras condiciones.

(816.3)72:7.12  4. *Del equipamiento militar.* El gobierno obtiene una importante suma de dinero del alquiler del equipamiento militar y naval para usos comerciales y recreativos.

(816.4)72:7.13  5. *De los recursos naturales.* Los ingresos procedentes de los recursos, cuando no se precisan en su totalidad para los fines específicos señalados en los estatutos del estado federal, se aportan a la tesorería nacional.

(816.5)72:7.14 Las asignaciones federales, exceptuando los fondos militares que deduce el Consejo Nacional de Defensa, se originan en la cámara legislativa superior, se respaldan por la cámara baja, se aprueban por el jefe del ejecutivo y, finalmente, se validan por la comisión federal de presupuestos de los cien. Los gobernadores estatales son quienes proponen a los miembros de esta comisión y las asambleas legislativas estatales los eligen. Prestan sus servicios durante veinticuatro años, eligiéndose a una cuarta parte de ellos cada seis años. Cada seis años, este órgano[94], con la mayoría de las tres cuartas partes de los votos, escoge a uno de sus integrantes como presidente, con lo cual se convierte en director-administrador de la tesorería federal.

# 8. ESCUELAS ESPECIALES

(816.6)72:8.1 Además del programa obligatorio de enseñanza elemental que se prolonga desde los cinco hasta los dieciocho años de edad, hay escuelas especiales que se organizan de la siguiente manera:

(816.7)72:8.2 1. *Las escuelas de estadistas*. Estas escuelas son de tres clases: nacional, regional y estatal. Los cargos públicos de la nación se agrupan en cuatro categorías. La primera categoría de puestos de confianza pública atañe principalmente a la administración nacional, y todos los cargos públicos de este grupo tienen que ser graduados de las escuelas regionales y nacionales de estadistas. En la segunda categoría, se pueden ocupar cargos políticos, electos o por nombramiento al graduarse de cualquiera de las diez escuelas regionales de estadistas; su cometido concierne responsabilidades en la administración regional y en los gobiernos estatales. En la tercera categoría se incluyen las responsabilidades estatales y, para ella, solo se le requiere a los cargos estar en posesión de títulos estatales de estadista.

Para la cuarta y última categoría de cargos públicos no se necesita estar en posesión del título de estadista, ya que son puestos que se otorgan enteramente por nombramiento. Son puestos menores de ayudantía, secretaría y responsabilidades técnicas[95] que distintos profesionales altamente cualificados desempeñan en funciones gubernamentales de carácter administrativo[96].

(816.8)72:8.3 Los jueces de los tribunales menores y estatales ostentan títulos de las escuelas estatales de estadistas. Los jueces de los tribunales jurisdiccionales de asuntos sociales, educacionales e industriales poseen títulos de las escuelas regionales. Los jueces del tribunal supremo federal han de tener títulos de todas estas escuelas de estadistas.

(817.1)72:8.4 *2. Las escuelas de filosofía.* Estas escuelas están afiliadas a los templos de filosofía y están más o menos relacionadas con la religión como función pública.

(817.2)72:8.5 *3. Las instituciones científicas.* Estas escuelas técnicas están más en coordinación con la industria que con los sistemas educativos y se rigen con arreglo a quince divisiones departamentales[97].

(817.3)72:8.6 *4. Escuelas de formación profesional.* Estas instituciones especiales proporcionan la formación técnica de las diferentes profesiones altamente cualificadas, que suman doce.

(817.4)72:8.7 *5. Escuelas militares y navales.* Cerca de los cuarteles generales nacionales y en los veinticinco centros militares costeros están operativas estas instituciones dedicadas a la formación militar de ciudadanos voluntarios de dieciocho a treinta años de edad. Para poder ingresar en estas escuelas, los menores de veinticinco años necesitan el consentimiento paterno.

# 9. EL SISTEMA DE SUFRAGIO UNIVERSAL

(817.5)72:9.1 Aunque los candidatos a todos los cargos públicos se limitan a los graduados de las escuelas de estadistas estatales, regionales o federales, los líderes progresistas de esta nación descubrieron una grave deficiencia en su sistema de sufragio universal y, hace unos cincuenta años, desarrollaron una disposición constitucional modificando su método de votación, que incluye las siguientes características:

(817.6)72:9.2 1. Todo hombre y mujer de veinte o más años de edad tiene un voto. Al llegar a esta edad, todos los ciudadanos deben pertenecer a dos grupos de votantes: se incorporarán al primero de ellos con arreglo a su actividad económica —industrial, profesional, agrícola o comercial—; ingresarán en el segundo grupo de acuerdo con sus inclinaciones políticas, filosóficas y sociales. Todos los trabajadores pertenecen, por tanto, a algún grupo de sufragio de orden económico, y estos gremios, al igual que las asociaciones no económicas, se regulan de forma muy similar a la del gobierno nacional con su triple división de poderes. Durante doce años, no se puede cambiar la inscripción en esto grupos.

(817.7)72:9.3  2. Tras su designación por los gobernadores estatales o por los mandatarios regionales y por decreto de los consejos regionales supremos, a quienes han prestado gran servicio a la sociedad, o han demostrado una sabiduría extraordinaria al servicio del gobierno, se les puede conferir votos adicionales, solamente una vez cada cinco años y sin que tal sufragio de excelencia exceda las nueve veces. El máximo número de votos que cualquier votante múltiple puede emitir es de diez. También, y de igual manera, se reconoce la labor de los científicos, inventores, maestros, filósofos y líderes espirituales honrándoles con un aumento de sus atribuciones políticas. Estas prerrogativas cívicas de rango superior se otorgan por los consejos supremos estatales y regionales de manera muy similar a como se conceden los títulos por parte de las escuelas superiores especiales, y sus beneficiarios se enorgullecen de añadir los símbolos de tal reconocimiento cívico, junto con sus otros títulos, a sus listas de logros personales.

(817.8)72:9.4  3. Todos los individuos condenados a trabajo forzoso en las minas y todos los funcionarios públicos que perciben aportación económica de los impuestos están privados, durante los períodos de tales servicios, de su derecho al voto. Esto no se aplica a los pensionistas, que se han jubilado a los sesenta y cinco años de edad.

(817.9)72:9.5  4. Existen cinco tramos de sufragio que reflejan los impuestos anuales medios tributados cada lustro. A los grandes contribuyentes se les permite votos adicionales hasta un máximo de cinco. Tal concesión es independiente de todos los demás reconocimientos, pero en ningún caso puede una persona emitir más de diez votos.

(818.1)72:9.6 5. Cuando se adoptó este régimen electoral, se abandonó el método territorial de sufragio en favor del sistema económico u ocupacional. En la actualidad, todos los ciudadanos votan como miembros de grupos industriales, sociales o profesionales, con independencia de su lugar de residencia. De este modo, el electorado está integrado por grupos consolidados, unificados e inteligentes, que eligen solamente a los mejores miembros de sus respectivos grupos para ocupar puestos de confianza y responsabilidad en el gobierno. Existe una excepción a este método de sufragio ocupacional o grupal: la elección de un mandatario federal en jefe se efectúa cada seis años mediante una votación a nivel nacional en la que ningún ciudadano puede emitir más de un voto.

(818.2)72:9.7 Por consiguiente, exceptuando la elección del mandatario en jefe, el sufragio se ejerce por agrupaciones económicas, profesionales, intelectuales y sociales de la ciudadanía. El estado ideal es orgánico, y cada grupo libre e inteligente de ciudadanos representa un órgano vital y operativo dentro del más amplio organismo gubernamental.

(818.3)72:9.8 Las escuelas de estadistas tienen competencia para iniciar actuaciones en los tribunales estatales dirigidas a privar del derecho de voto a personas con deficiencias[98], ociosas, apáticas o delictivas. Se piensa que cuando el cincuenta por ciento de los ciudadanos de una nación es menos dotado o deficiente y está en posesión del voto, tal nación está destinada al fracaso. Creen que la supremacía de la mediocridad significaría la perdición de cualquier nación. Votar es obligatorio, y se imponen cuantiosas multas a todo el deje de hacerlo.

# 10. TRATAMIENTO DE LA DELINCUENCIA

(818.4)72:10.1  Los métodos de esta nación para hacer frente a la delincuencia, a la demencia y al declive generativo aunque, en algunos aspectos satisfactorios, en otros resultan, sin duda, impactantes para la mayoría de los urantianos. A los delincuentes ordinarios y a los deficientes se les internan, por sexo, en diferentes colonias agrícolas y son sobradamente autosuficientes. A los delincuentes reincidentes más graves y a los dementes irremediables los tribunales los condenan a morir en las cámaras de gas letal. Numerosos actos criminales, además del asesinato, incluyendo la traición a las responsabilidades gubernamentales[99], también conllevan la pena capital; y la aplicación de la justicia es segura y pronta.

(818.5)72:10.2  Este país está saliendo de la era negativa de la ley para incorporarse a la positiva. Últimamente han llegado al extremo de intentar prevenir la criminalidad sentenciando a aquellos supuestos asesinos y grandes delincuentes potenciales a servir de por vida en las colonias de reclusión. Si estos presos posteriormente demuestran que se han normalizado, se les da la libertad condicional o se les indulta. El índice de homicidios en este continente es solamente el uno por ciento del de las otras naciones.

(818.6)72:10.3  Hace más de cien años se pusieron en marcha medidas para prevenir la procreación de los delincuentes y de los deficientes y ya están arrojando resultados alentadores. No existen presidios ni hospitales para enfermos mentales. Por un motivo: de estos grupos solo hay sobre el diez por ciento de los que existen en Urantia.

# 11. PREPARACIÓN MILITAR

(818.7)72:11.1  El presidente del Consejo Nacional de Defensa puede designar, con arreglo a siete rangos, a los graduados de las escuelas militares federales, como "guardianes de la civilización", según sea su capacidad y experiencia. Este consejo consta de veinticinco miembros, que se nombran por los más altos tribunales parentales, educacionales e industriales, se ratifican por el tribunal supremo federal y se preside, de oficio, por el jefe del estado mayor de asuntos militares conjuntos. Estos miembros desempeñan su cargo hasta la edad de setenta años.

(819.1)72:11.2 Los cursos que estos oficiales comisionados llevan a cabo tienen una duración de cuatro años y siempre se correlacionan con el dominio de algún oficio o profesión. Nunca se imparte la formación militar sin este correspondiente aprendizaje industrial, científico o profesional. Al completar tal formación, la persona ha recibido, durante estos cuatro años, la mitad de la educación que se imparte en cualquiera de las escuelas especiales, cuyos cursos duran igualmente cuatro años. De esta manera, se evita la creación de una clase militar profesional, ya que se proporciona a un gran número de hombres la oportunidad de tener su propio sustento mientras adquieren la primera mitad de una formación técnica o profesional.

(819.2)72:11.3En tiempos de paz, el servicio militar es totalmente voluntario, y el alistamiento en cualquiera de sus ramas de servicio es de cuatro años; durante estos, todo hombre realiza algún área especial de estudio, además de obtener pericia en tácticas militares. La formación musical es una de las principales áreas de las escuelas militares centrales y de los veinticinco campos de entrenamiento repartidos por la periferia del continente. En los períodos de estancamiento de la industria, se recurre de inmediato a muchos miles de desempleados para fortalecer las defensas militares del continente en tierra, mar y aire.

(819.3)72:11.4 Aunque este país mantiene un poderoso sistema bélico como defensa contra la invasión de los pueblos hostiles que le rodean, se puede hacer constar como mérito que desde hace más de cien años no ha empleado estos recursos militares en una ofensiva de guerra. Se han vuelto tan civilizados que pueden defender enérgicamente su civilización sin caer en la tentación de utilizar su poderío militar en actos de agresión. Desde la instauración del Estado continental unido, no se han producido guerras civiles, pero durante los dos últimos siglos, se han visto abocado a librar nueve duros conflictos de tipo defensivo; tres de ellos contra poderosas confederaciones de potencias mundiales. Aunque esta nación mantiene una adecuada defensa contra el ataque de vecinos hostiles, presta mucha más atención a la formación de estadistas, científicos y filósofos.

(819.4)72:11.5 Cuando la nación está en paz con el mundo, todos los mecanismos móviles de defensa se emplean casi por completo en el intercambio, el comercio y el esparcimiento. Cuando se declara la guerra, la nación entera se moviliza. Durante el transcurso de las hostilidades, impera el sueldo militar en las industrias[100], y los jefes de todos los cuerpos militares se convierten en miembros del gabinete del jefe del ejecutivo.

# 12. LAS OTRAS NACIONES

(819.5)72:12.1 Aunque la sociedad y el gobierno de este singular país son superiores en muchos aspectos a los de las naciones de Urantia, cabe señalar que en los otros continentes (hay once en este planeta) los gobiernos son claramente de orden inferior a los de las naciones más avanzadas de Urantia.

(819.6)72:12.2 Justo ahora este gobierno superior tiene previsto establecer relaciones diplomáticas con los pueblos menos avanzados y, por primera vez, ha surgido un gran líder religioso que aboga por el envío de misioneros a estas naciones circundantes. Nos tememos que estén a punto de cometer el mismo error que otros muchos cometieron cuando se propusieron imponer una cultura y religión de índole superior a otras razas. ¡Qué cosas tan extraordinarias se podrían hacer en este mundo si esta nación continental de avanzada cultura tan solo saliese a los pueblos vecinos y trajese a sus mejores especímenes y luego, tras haberlos instruidos, enviarlos de vuelta como emisarios de la cultura a sus ignorantes hermanos! Por supuesto que si un hijo magistrado llegase pronto a esta adelantada nación, cosas maravillosas podrían acontecer rápidamente en este mundo.

(820.1)72:12.3 Este relato de los asuntos de un planeta vecino se lleva a efecto gracias a la concesión de un permiso especial y con el propósito de hacer avanzar la civilización y mejorar el desarrollo gubernamental en Urantia. Se podrían añadir muchas cosas a esta narración que sin duda serían del interés de los urantianos y suscitarían su curiosidad, pero la información aquí revelada respeta los límites que nuestro mandato permite.

(820.2)72:12.4 Los urantianos, sin embargo, deben prestar atención al hecho de que su esfera hermana de la familia de Satania no se ha beneficiado de la misión de magistrado ni de la de gracia de los hijos del Paraíso. Tampoco hay tanta divergencia cultural entre los distintos pueblos de Urantia como la que existe entre la nación continental y sus semejantes planetarios.

(820.3)72:12.5 La efusión del Espíritu de la Verdad proporciona las bases espirituales para la realización de grandes logros en aras de la raza humana de los mundos de gracia[101]. Urantia está, pues, mucho mejor preparada para la más inmediata consecución de un gobierno planetario con sus leyes, mecanismos, símbolos, convenciones e idioma —todo lo cual podría contribuir poderosamente al establecimiento de la paz mundial bajo la ley y podría dar lugar en algún momento al amanecer de una verdadera era de conquista espiritual, que constituye el umbral planetario de las eras ideales de luz y vida—.

(820.4)72:12.6 [Exposición de un melquisedec de Nebadón.]

[1] O *The Urantia Papers*, traducido como *El libro de Urantia* y *Los Escritos de Urantia*, respectivamente.

[2] Amazon, CreateSpace y Kindle (2016). "Urantia" es el nombre dado a nuestro planeta tierra.

[3] Para abreviar la numeración de los párrafos, en esta introducción solo incluiré el número de escrito, en este caso el 68, la sección dentro del este, esto es "0", o introductoria, y el número de párrafo, el 3. En los escritos que se aportan tras la introducción se añade además el número de página y párrafo, en este caso el 763.3.

[4] Hago referencia a Caligastia, nuestro príncipe planetario, en mi libro *Los príncipes planetarios: La traición de Caligastia* (CreateSpace y Amazon, 2014). Caligastia llegó a Urantia quinientos mil años antes de la finalización de estos escritos (1934). Su misión fracasó debido a su adhesión a las tesis de Lucifer, pero dejó cierto legado parcial, del que se aprovecharían las razas humanas para su avance.

[5] En los escritos de Urantia, el término "cultura" tiene un amplio significado que necesitaría de un nuevo estudio para poder explicarlo de forma apropiada. Aunque sea acudir a fuentes externas y limitadas con respecto a tal significado, nos podría ayudar a comprender en cierta manera este término si acudimos a la definición realizada por la UNESCO en México, en la "Conferencia Mundial sobre las Políticas Culturales" (1982), con el apoyo de la comunidad internacional: "La cultura puede considerarse actualmente como el conjunto de los rasgos distintivos, espirituales y materiales, intelectuales y afectivos que caracterizan a una sociedad o un grupo social. Ella engloba, además de las artes y las letras, los modos de vida, los derechos fundamentales al ser humano, los sistemas de valores, las tradiciones y las creencias y que la cultura da al hombre la capacidad de reflexionar sobre sí mismo. Es ella la que hace de nosotros seres específicamente humanos, racionales, críticos y éticamente comprometidos. A través de ella discernimos los valores y efectuamos opciones. A través de ella el hombre se expresa, toma conciencia de sí mismo, se reconoce como un proyecto inacabado, pone en cuestión sus propias realizaciones, busca incansablemente nuevas significaciones, y crea obras que lo trascienden". Ver: http://www.unesco .org/new/ es/ mexico/work-areas/culture/

[6] ONU, Convención sobre los derechos del niño de 20 de noviembre de 1989, Preámbulo y artículo 3.1. Ver: http://www.feaps.org/biblioteca/ sexualidad ydi/ 10_personas.pdf

[7] Dalamatia era la sede del príncipe planetario (743.2; 66:3.1).

[8] Gn 4, 14-15.

---

1.    http://www.feaps.org/biblioteca/%20sexualidad%20ydi/10_personas.pdf

[9] 1 Co 2,14.

[10] Job 28, 28; Sal 111,10; Pr 1,7; 9,10.

[11] Is 9,6.

[12] Gn 3,19; 2,7; Ec 3,20; 12,7.

[13] Se está hablando de la "genética poblacional", a los denominados "genes estables" (en equilibrio) o promedio, estables genéticamente. En contraste con aquellos otros dos grupos por encima o por debajo de la normalidad.

[14] Los escritos de Urantia no abogan por la multiplicación de la población genéticamente por encima de la media normal sino la de la población promedio.

[15] Podría indicar accidentes de la naturaleza; esto es, de padres de inteligencia normal, puede nacer un genio como Einstein.

[16] Parece referirse a la división del trabajo, que no vino de forma planificada sino atendiendo a condiciones naturales. Por ejemplo, para la mujer era más fácil hacerse cargo de las cosechas; así se quedaba en casa y cuidaba de su prole. El hombre, físicamente más fuerte, se dedicaba a la caza y a la lucha. Esto es, cada cual buscaba el camino que le ofrecía menos resistencia y era más conveniente y fácil de hacer.

[17] Gn 3,19; Pr 20,4; 2 Ts 3,10.

[18] Los herreros blancos (hojalateros) trabajaban con metales no ferrosos y los herreros negros con los ferrosos.

[19] Es el intercambio de mercancía que se realizaba de una tribu otra; este intercambio se realizaba por la noche en un lugar neutral considerado sagrado y en el cual debía reinar la paz. Allí se depositaban los objetos que se iban a intercambiar y la tribu se retiraba; el otro grupo llegaba y, sí aceptaba el cambio, retiraba alguna mercancía y ofrecía otra a su vez, y así sucesivamente hasta llegar a un acuerdo" (http://mundoheroicos.        blogspot.com.es/2010/09/origen-y-evolucion-de-la-contabilidad.html).

[20] Nm 35, 6,11,14; Jos 20,2; 21,13, 27, 32, 38; 1 Cr 6,57,67.

[21] Una cierta cantidad de grano sería la medida estándar de peso que usarían.

[22] Entiendo que intercambiarían pescado por cabras.

[23] La vaca se convirtió en la moneda de cambio. Por ejemplo, podrían cambiar una esposa por dos vacas.

[24] "Palo mensajero: Es un antiguo instrumento mnemotécnico utilizado para el registro de documentos numéricos, cantidades o incluso mensajes" (http://kevinserra7.blogspot.com.es/2013/10/historia-del-papel.html).

[25] Ver: (779.6) 69:8.7 y (783.2) 70:0.2.

[26] Ex 13,21-22.

[27] Lv 10,1.

[28] Lv 6,12-13; 2 M (Macabeos) 1,18-22. Es interesante citar lo que dice en el Levítico: "12 El fuego encendido sobre el altar no se apagará, sino que el sacerdote pondrá leña en él cada mañana, acomodará el holocausto sobre él y quemará sobre él las grasas de los sacrificios de paz. 13 El fuego arderá continuamente en el altar: no se apagará".

[29] Gn 19,24; Lv 10,1-2; 9,24; R 18,38.

[30] 2 R 16,3.

[31] "Los parsis son los miembros de una comunidad de religión parsi o zoroástrica que habitan en el oeste de la India, especialmente en la ciudad de Bombay. Descienden de los persas que emigraron a la India a mediados del siglo VII para escapar a la persecución religiosa de los invasores musulmanes" (https://es.wikipedia. org/wiki/Parsi).

[32] Jos 8,1-29.

[33] Dt 3,1-7.

[34] Dt 12,2; 20,17; Nm 21,2-3; Jos 2,10; Jue 21,11; 1 S 15,03,09,18; Jer 50,21.

[35] Nm 31,7.

[36] Dt 20,14; Nm 31,9,15-18.

[37] Dt 21,10-14.

[38] Gn 21,25-30; 26,19-22.

[39] "En las agrupaciones primitivas los comportamientos causativos de una reacción tribal eran aquellos que ofendían el tabú mágico, esto es, las prohibiciones vigentes en la tribu oriundas de supersticiones, hechicerías y costumbres ancestrales, en las que los magos o sacerdotes —siempre al servicio de los poderosos— eran sus veladores. No hay en estas agrupaciones humanas primitivas un concepto destacado de lo que hoy estimamos como delito, pues las violaciones de los tabúes mágicos tenían más bien la naturaleza de lo que las religiones positivas han considerado pecado. Las sanciones que seguían a la violación del tabú tenían también carácter religioso, ya que consistían en la privación de los poderes protectores de los dioses de la comunidad [...]" (https://edukavital. blogspot.com.es/2013/01/conceptos-y-definicion-de-tabu.html).

[40] Dt 19,14; Pr 22,28; 23,10.

[41] Dt 27,17.

[42] Dt 7,21-23; 20,1-4; 1 S 17,47; 1 Cr 14,15; 2 Cr 20,15; 32,8; Sal 24,8.

[43] Nm 31,3-31.

[44] Jue 21,10-12.

[45] Nm 31,1-2; Dt 7,16-24; 20,1; 1 S 15,2-3; Jue 11,21,23.

[46] Jue 4,16.

[47] 1 S 18,25-27.

[48] 1 S 17,1-51.

[49] 1 Jn 4,8,16.

[50] Todos los individuos y organizaciones que adquieren bienes y servicios para la producción de otros bienes y servicios que se venden, arriendan o suministran a otros.

[51] Mayor perímetro de distancia más miedo y suspicacia respecto a otros clanes o tribus.

[52] Lv 19,34.

[53] Gn 50,7; Ex 3, 16-18.

[54] La toma de decisión del consejo de ancianos mediante largos debates dilataría la inmediata y necesaria decisión de un solo hombre, del jefe, especialmente en tiempos de guerra. Ver William Graham Sumner and Albert Galloway Keller, *The Science of Society*, Volume I (New Haven: Yale University Press, 1927).

[55] La autoridad de la familia era el padre, pero cuando muchos clanes se unían y tenían que elegir al jefe, también las riquezas eran importantes para dicha elección. Ver William and Keller (1927).

[56] Gn 19,37-38; 36,9,43; Nm 3,24.

[57] Esto es, una persona elegida dentro del grupo de familias que componían el clan; es decir con lazos de sangre (natural) con los otros miembros de dicho clan. Ver William and Keller (1927).

[58] Cada fámilia poseía un nombre, que era con el que el cabecilla de dicha familia le representaba en el clan. Él era el titular oficial del nombre y con otros titulares de los nombres serían los que posteriormente elegirían al rey. Ver William and Keller (1927).

[59] Parece que era el encargado de dar los banquetes, de dirigir la caza, la pesca, las migraciones pastoriles, la plantación, la cosecha y el comercio. Incluso se cree que era el propietario del territorio tribal. Ver William and Keller (1927).

[60] Se intenta decir que el rey jugaba con el sentido de magia de la época según sus intereses y para convencer a su pueblo de su poder sobre-natural.

[61] Jn 3,3,7; 1 P 1,23.

[62] Esta policía podía revelar cosas que no gustasen.

[63] Los autores de los escritos parecen seguir a Lewis H. Morgan, en *La Sociedad Primitiva* (1877), que distingue tres estados de la evolución de la humanidad: salvajismo, barbarie y civilización. Dentro de los cuales, hay siete subestados: Salvajismo inferior (relacionado con la recolección), medio (pesca y lenguaje) y alto (arco y flecha); barbarie baja (cerámica), media (domesticación de animales y plantas en Europa y sistema de riego en América) y alta (relacionada con la tenencia de armas y herramientas metálicas); civilización, relacionada con el invento del alfabeto fonético y el uso de la escritura (https://es.wikipedia.org/wiki/ Lewis_Henry_ Morgan[2]).

[64] Nm 5,12-31.

[65] Ex 21,23-24; Lv 24,20; Dt 19,21; Mt 5,38.

[66] Ex 21,23.

[67] Dt 19,6,12; 32,35,41,43; Jos 20,3-9; Sal 94,1; Isa 35,4; Nah 1,2.

[68] Ex 21,28.

[69] Nm 35,31.

[70] Hammurabi fue el sexto rey de Babilonia durante el Primer Imperio Babilónico, desde el año 1792 al año 1750 a. C. según la cronología media (https://es.wikipedia.org/wiki/Hammurabi).

[71] Gn 38,24; Lv 21,9.

[72] La certeza de la imposición del castigo, su inevitabilidad, al igual que la rapidez de su ejecución.

[73] Ex 20,13; Dt 5,17.

[74] Por ejemplo, el mandamiento de no matar da a las personas que han agraviado a otra el derecho a vivir, pero restringe el derecho a vengarse de la persona agraviada.

[75] "La palabra tabú designa a una conducta moralmente inaceptable por una sociedad, grupo humano o religión. Es la prohibición de algo supuestamente extraño

---

(en algunas sociedades), de contenido religioso, económico, político, social o cultural por una razón no justificada basada en prejuicios infundados. Romper un tabú es considerado como una falta grave por la sociedad que lo impone. Algunos tabúes son, en efecto, delitos castigados por la ley, en este sentido, los tabúes son antecedentes directos del derecho (https://es.wikipedia.org/ wiki/Tab%C3%BA[3]). El tabú en sí significa prohibición. Por ejemplo, el tabú del matrimonio entre hermano, de ciertas comidas, etc.

[76] Jue 11,39-40; Jer 32,11.

[77] Como por ejemplo, la Constitución de los países modernos.

[78] Se desarrolló mediante prueba y error. Ver Summer and Keller (1927).

[79] Difícil saber lo que los reveladores quieren decir; quizás la idea es que los conquistadores decidirían quiénes formarían parte de las distintas clases.

[80] La familia patriarcal era más efectiva que la matriarcal en cuanto a la formación de los Estados por su ímpetu a la conquista de territorios, de hacer esclavos, etc.; la matriarcal era más fraternal y solidaria.

[81] Los sobrinos (o los hijos de las hermanas) heredaban las propiedades y no los hijos de los padres. Ver: https://sites.google.com/site/ antroporlfidiana/tema-4/ sociedades-matrilineales[4].

[82] El padre era el cabeza de la familia y la herencia pasaba a sus hijos.

[83] Hoy en día, "El CICR (Comité Internacional de la Cruz Roja) define la seguridad económica como la capacidad de las personas, los hogares o las comunidades de satisfacer sus necesidades básicas de manera sostenible y con dignidad. Esta definición puede variar en función de las necesidades físicas de cada persona, del medio ambiente y de las normas culturales predominantes. Los alimentos, la vivienda básica, la vestimenta y la higiene se consideran necesidades básicas, así como los gastos relacionados con esos conceptos. También constituyen necesidades básicas los bienes necesarios para ganarse la vida y los gastos relacionados con la asistencia de salud y la educación" (https://www.icrc.org/es/document/que-es-la-seguridad-economica).

[84] Parece que el significado de "débil" en esta oración tiene más que ver con deficiencia moral que mental o física.

[85] Rivalidad entre personas individuales.

[86] Con pocas excepciones, no se detallan los tipos de industrias o de empresas industriales poseen como a continuación se mencionan. Parece que están basadas

---

3.      https://es.wikipedia.org/%20wiki/Tab%C3%BA

4.      https://sites.google.com/site/%20antroporlfidiana/tema-4/sociedades-matrilineales

principalmente en el aprovechamiento de la energía hidráulica, que en nuestro planeta son utilizadas por las centrales hidroeléctricas. Puede referirse a empresas industriales manufactureras, aunque para el funcionamiento de todo un país, este entramado industrial debe abarcar otros campos, como abajo se relata. Sí hay referencia al regadío y, por lo tanto, al sector agrícola y me atrevería decir al agropecuario, como después comento.

[87] Tampoco sabemos cuáles son esos métodos científicos ni para qué se usan.

[88] En la actualidad de nuestro mundo, las actividades comerciales estarían integradas en las empresas industriales.

[89] Como he especificado antes, no se detallan todos los tipos de industrias operativas en este mundo. Más adelante se hace mención entre otras actividades a talleres mecánicos, a la minería, a la fabricación de muebles, a la industria sanitaria, a la eléctrica, al transporte y se desprende que a la armamentística. El término "trabajador industrial" conlleva la idea de trabajador del sector industrial, esto es de "empresas industriales". Este tipo de empresas abarca bastantes campos, según nuestros cánones actuales y pueden dar una idea de las existentes en este país. Hoy en día "las empresas industriales deben llevar a cabo no solo las <u>actividades puramente industriales</u> (aplicar trabajo y tecnología sobre los materiales para lograr una trasformación), sino también las <u>actividades administrativas</u> (distribución de recursos, representación legal, etc.) y <u>comerciales</u> (adquirir los insumos y vender los productos terminados). Usualmente, se divide a las empresas industriales en dos grandes categorías, cada una de las cuales reúne a una gran cantidad de actividades que llevan a cabo procesos de transformación de las materias primas similares. [...] Las empresas industriales extractivas se enfocan en la transformación y explotación de recursos naturales, tales como minerales, alimentos, fuentes de energía, etc. Las empresas industriales manufactureras se dedican a trasformar los insumos (que pueden ser recursos naturales o bienes industriales generados por otra empresa) en bienes finales que pueden ser utilizados para el consumo o la producción. Entre las principales ramas de la industria en que estas empresas pueden desarrollar su actividad podemos mencionar: Industria textil, automotriz, armamentística, eléctrica, ferrocarrilera, aeroespacial, vidriera, metalúrgica, astronáutica, informática, siderúrgica, farmacéutica, petroquímica, química, cementera, mecánica, robótica, etc". En nuestro mundo hay también otras empresas como las agrícolas y las de servicio. Fuente: http://www.ejemplos.co/10-ejemplos-de-empresas-industriales/.

[90] Quizás médicos, abogados, científicos, profesores, etc.

[91] No sabemos si solamente se refiere a los obreros agrícolas o también a los trabajadores de empresas agrícolas. En nuestro mundo, "el sector agrícola es una

actividad productora o primaria que obtiene materias primas de origen vegetal a través del cultivo. Se trata de una de las actividades económicas más importantes del medio rural". Fuente: https://www.significados.com/agricola/. No se menciona el sector ganadero o pecuario. Puede ser que esté incluido en el agrícola, por lo que sería agropecuario.

[92] La OMS en su décima revisión dice: "La Deficiencia Mental es un trastorno definido por la presencia de un desarrollo mental incompleto o detenido, caracterizado principalmente por el deterioro de las funciones concretas de cada época del desarrollo y que contribuyen al nivel global de inteligencia, tales como las funciones cognitivas, las del lenguaje, las motrices y la socialización. La adaptación al ambiente está siempre afectada. La determinación del grado de desarrollo del nivel intelectual debe basarse en toda la información disponible incluyendo las manifestaciones clínicas, el comportamiento adaptativo del medio cultural del individuo y los hallazgos psicométricos". "Esta expresión se usa comúnmente como sinónimo de debilidad mental, infranormalidad mental y amencia, aunque la última denominación debería aplicarse sólo a las formas inferiores de deficiencia mental, reservándose 'debilidad mental' para las formas más elevadas". Ver: http://www.espaciologopedico.com/recursos/glosariodet.php?Id=187

[93] Real Academia Española: "Persona versada en los cálculos matemáticos y en los conocimientos estadísticos, jurídicos y financieros concernientes a los seguros y a su régimen, la cual asesora a las entidades aseguradoras y sirve como perito en las operaciones de estas".

[94] Parece lógicamente que se refiere a la comisión federal de presupuestos de los cien.

[95] Parece indicar en profesiones como ingeniería, ciencias, derecho.

[96] Estos profesionales no tienen títulos de estadistas —no tienen formación política—, por lo que sus puestos en la administración del país son los de expertos en diferentes materias (economía, tecnología, relaciones públicas, etc.). No ocupan puestos de gestión gubernamental ni toman decisiones en ese sentido. No son cargos electos sino nombrados. Probablemente ejecutan las decisiones de los cargos superiores.

[97] No lo sabemos con exactitud, pero quizás se refiera a las distintas ramas de la ingeniería (hidráulica, industrial, eléctrica, mecánica, energética, ambiental, electrónica, ambiental, química, etc.)

[98] Este término (deficiente/s =*defective/s*) aparece varias veces en los escritos en distintos contextos, con el significado de deficiente mental a causa de genes defectuosos, aunque también puede tener otras connotaciones dentro del terreno de

la discapacidad. En el *The Free Dictionary* se define como *"One who has a physical or mental disability"* (con discapacidad física o mental). De igual manera, en el Merriam Webster: *"falling below the norm in structure or in mental or physical function* (que está por debajo de lo normal en sus funciones mentales o físicas); en Thesaurus.com, en referencia a ámbito psicológico se dice: *"characterized by subnormal intelligence or behavior* (caracterizado por una inteligencia o comportamiento por debajo de lo normal). Esto es, discapacidades mentales, físicas, conductuales. En general, en relación a este mundo, parece aludir a personas con discapacidades que le inhabilitan para actuar normalmente en la sociedad, es por ello por lo que se les priva de los derechos que tienen otros ciudadanos. La discapacidad se define por la Organización Mundial de la Salud como "toda aquella restricción o ausencia —<u>debida a una deficiencia</u>— de la capacidad de realizar una actividad en la forma o dentro del marco que se considera normal para un ser humano". La discapacidad pueden subdividirse en cuatro modalidades diferentes: (1) **física** (la disminución o ausencia de las funciones motoras o físicas, disminuyendo su desenvolvimiento normal diario); (2) **psíquica** (provocada por diversos trastornos mentales como la depresión mayor, la esquizofrenia, el trastorno bipolar u otros trastornos —presenta trastornos en el comportamiento adaptativo, previsiblemente permanentes—); (3) **sensorial** (corresponde a las personas con deficiencias visuales y auditivas que presentan problemas en la comunicación y el lenguaje); y (4) **intelectual** o **mental** (hace referencia a un nivel de inteligencia inferior a la media, acompañada a veces de deficiencias en la conducta adaptativa —conjunto de habilidades conceptuales, sociales y prácticas—). Dentro de estos tipos las discapacidades se pueden manifestar en diferentes grados, y a su vez, pueden coincidir varios trastornos en una misma persona. Ver: <u>http:// universitarios.universia.es/voluntariado/discapacidad/</u> y <u>https://es.wikipedia.org/wiki/Tipos_de_ discapacidad</u>.

[99] En nuestro mundo, China castiga con pena de muerte los casos graves de corrupción política. Ver: http://www.rtve.es/ noticias/20160418/china- fija-casos-corrupcion-punibles-pena-muerte/1339280.shtml[5]

[100] No se dice mucho más al respecto; perece que impera la costumbre de que a los empleados de las industrias se les pague un salario militar. No se nos dice mucho más. Hay que tener en cuenta de que toda la nación se moviliza para la guerra.

[101] Mundos en los que algún hijo del Paraíso se ha dado de gracia.

---

5. http://www.rtve.es/%20noticias/20160418/china-%20fija-casos-%20corrupcion-punibles-pena-muerte/1339280.shtml